# 广州创业投资环境现状及国内发达城市创投政策比较研究

魏大姣　编著

南方传媒　广东经济出版社
·广州·

**图书在版编目（CIP）数据**

广州创业投资环境现状及国内发达城市创投政策比较研究 / 魏大姣编著 . — 广州：广东经济出版社，2024.9

ISBN 978-7-5454-9280-4

Ⅰ . ①广… Ⅱ . ①魏… Ⅲ . ①投资环境–研究–广州②投资政策–研究–中国 Ⅳ . ① F127.651 ② F832.48

中国国家版本馆 CIP 数据核字（2024）第 103942 号

**责任编辑：**林跃藩
**责任校对：**朱敏红
**责任技编：**陆俊帆

**广州创业投资环境现状及国内发达城市创投政策比较研究**
GUANGZHOU CHUANGYE TOUZI HUANJING XIANZHUANG JI GUONEI FADA CHENGSHI CHUANGTOU ZHENGCE BIJiAO YANJIU

**出 版 人：刘卫平**
**出版发行：**广东经济出版社（广州市越秀区水荫路 11 号 11 ～ 12 楼）
**印　　刷：**珠海市国彩印刷有限公司
（珠海市金湾区红旗镇永安一路国彩工业园）
**开　　本：**730 毫米 ×1020 毫米　1/16　　**印　　张：**8.25
**版　　次：**2024 年 9 月第 1 版　　**印　　次：**2024 年 9 月第 1 次
**书　　号：**ISBN 978-7-5454-9280-4　　**字　　数：**102 千字
**定　　价：**50.00 元

发行电话：（020）87393830　　编辑邮箱：gdjjcbstg@163.com
广东经济出版社常年法律顾问：胡志海律师　　法务电话：（020）37603025
如发现印装质量问题，请与本社联系，本社负责调换。

# 前　言

2014年，李克强总理提出“大众创业，万众创新”的宏伟计划，标志着我国的创业投资进入新的发展阶段。为促进创业投资的发展，我国出台了一系列支持政策，涵盖税收优惠、贷款补贴、财政引导、科技转化、创业孵化等多个方面的内容。2015年，为进一步促进大众创新创业，国务院印发《国务院办公厅关于发展众创空间推进大众创新创业的指导意见》（国办发〔2015〕9号）和《国务院关于大力推进大众创业万众创新若干政策措施的意见》（国发〔2015〕32号）两个重要文件。截至2017年底，中国私募创业投资机构、股权投资机构数目超过1.3万家，而政府引导基金数目已达到1500只，活跃在中国大陆的早期投资、创业投资和私募股权投资机构管理的资金总额超过8.7万亿元，中国的股权投资市场规模已在全世界位列第二。随着大众创业万众创新蓬勃发展，创新创业环境持续改善，创新创业的主体日趋多元，创新创业实现了“从局部到整体”“从现象到机制”的跨越，已经成为推动经济增长的重要动力，促进转型升级的重要力量，稳定和扩大就业的重要支撑。

如今，在百年未有之大变局，国内外复杂变幻的综合环境下，创投行业发生了急剧变化，尤其是2018年“资管新规”出台以后，市场化资金严重萎缩，全国创投行业普遍出现募资难、投资难、退出难问题。我国创投行业已进入新的拐点。广州是国内创业投资发展最早和最活跃的城市之一，自2017年就提出要打造具有国际影响力的风投创投中心，近年来在金融行业建设上疾风劲步，发力争抢创投风投资源，一度在我国创投产业发展中占有十分重要的地位，但如今其创投发展水平已经大幅落后于北京、上海和深圳。作为国内一线中心城市，目前广州的创业投资发展水平与其经济地位并不相符。广州亟需加大发展创业投资的力度，完善创业投资的政策体系，制定激励措施以提高创业投资企业的积极性，这对于创业投资企业的发展以及科技型中小企业的发展具有重要推动作用，对汇聚更广泛的社会力量参与供给侧改革、促进双创提质增效、推动实体经济发展，以及加快建设国家创新型城市、国家科技中心城市和国际科技创新枢纽均具有重要战略意义。本研究报告从经济体量、创投政策环节、创投行业活跃程度三个维度进行政策对比分析，参照清科研究中心旗下私募通数据库的相关统计数据，分析现阶段广州在国内创业投资领域的发展水平和地位，探究广州创投未来发展的方向。

魏大姣

2024年2月28日

# 目　　录

# 第一章　研究背景

# 第一节　研究目的与意义

## 一、广州着力打造国际风投创投中心

广州自2017年就提出要打造具有国际影响力的风投创投中心，近年来在金融行业建设上疾风劲步，发力争抢创投风投资源，培育了广州金控基金管理有限公司、广州产业投资基金管理有限公司、广东中科科创创业投资管理有限责任公司、广州越秀产业投资基金管理股份有限公司等一批在全国具有影响力的本土风投创投机构，同时积极引进了IDG（美国国际数据集团）、百度风投、创新工场等知名机构落户。从2023年6月26日广州市人民政府新闻办公室举行的“高质量发展·看科技”新闻发布会上了解到，2020—2022年，广州募集创业投资基金共235只，募集金额444.42亿元，平均单只募集金额1.89亿元；2022年，创业投资基金募集数量大幅增长，募集基金数量为120只，同比增长64.38%，募集金额为215.82亿元，同比增长11.6%，广州创业投资的热度持续攀升。

风投创投中心并非简单引进风投机构，而是要建生态。创业投资的“高风险、高收益”特征使得很多资本在创业投资行业的大门外徘徊，由于创业投资所带来的扩大就业、提高自主创新能力、转变经济增长方式等社会效益并不能内化为创业投资企业的经济效益，因此仅仅依靠市场调节不足以实现行业的快速健康发展，这时需要政府发挥推动作用。完善创业投资的政策体系，制定激励措施以提高创业投资企业的积极性，对于创业投资企业的发展以及科技型中小企业的发展具有重要推动作用，对汇聚更广泛的社会力量参与供给侧改革、促进双创提质增效、推动实体经济发展具有重要战略意义。

## 二、广州在粤港澳大湾区建设中迫切需要创业投资助力

2017年12月，广东省委、省政府首次发布《广深科技创新走廊规划》；2018年8月，粤港澳大湾区建设领导小组全体会议上提出建设“广州–深圳–香港–澳门”科技创新走廊，打造大湾区国际科技创新中心。粤港澳大湾区的战略发展让区域内各城市间创新要素流动和科创产业联动有了合作的前提。

广州作为重要的国家中心城市，宜居宜业，是名副其实的“花城”“水城”，也是创新创业的“沃土”。2023年1月7日，在广州市第十六届人民代表大会第三次会议上，广州市市长郭永航作政府工作报告指出，2022年，广州高新技术企业突破1.23万家，创历史新高；新增全球独角兽企业9家，增量居全国第一；广州22家企业入选胡润全球独角兽榜，增速全国最快，总量居全国第四。2018年，广州科技创新企业已超过20万家，国家科技型中小企业备案入库数居全国第一。由此可见，广州具有良好的创投发展基础。粤港澳大湾区在科技金融创新领域具有显著优势，广州要乘着粤港澳大湾区建设的东风，让股权投资赋能大湾区全球创新高地建设，改革资本市场，用好科创板发展高技术，实现产业化。

## 三、广州双创发展环境亟待提升

近几年，苏州和杭州等新一线城市的迅速崛起，给广州带来前所未有的挑战。根据社会科学文献出版社出版的《双创蓝皮书：中国双创发展报告（2021～2022）》，广州的双创指数虽然连续两年位列内地城市第四，但仅为“及格”水平，且指数有所下降，与深圳、北京、上海三地的差距越来越大（见表1-1）。

表1-1　中国双创指数城市排名及其变动（2021—2022年）[①]

| 排名 | 城市 | 总指数 | 指数变化 | 排名变化 |
|---|---|---|---|---|
| 1 | 深圳 | 76.44 | ↓11.84 | — |
| 2 | 北京 | 76.26 | ↓11.91 | — |
| 3 | 上海 | 75.13 | ↓8.82 | — |
| 4 | 广州 | 64.97 | ↓8.69 | — |
| 5 | 苏州 | 61.10 | ↓8.65 | — |
| 6 | 杭州 | 60.30 | ↓7.12 | — |
| 7 | 南京 | 60.03 | ↓1.48 | — |
| 8 | 武汉 | 54.13 | ↓5.95 | — |
| 9 | 重庆 | 53.52 | ↓0.62 | ↑9 |
| 10 | 成都 | 51.19 | ↓3.68 | ↑6 |

① 王京生、陶一桃、李凡：《双创蓝皮书：中国双创发展报告（2021~2022）》，社会科学文献出版社，2022，第20页。

双创指数由环境支持、资源能力和绩效价值3项一级指标构成。其中，环境支持的重要影响因素涉及工业发展规模、创新孵化器数量以及外贸规模等硬指标，同时包括政府效率、商业信用环境等软指标；资源能力的主要影响因素是高等学历人口比例及年度IPO（首次公开募股）规模等硬指标；绩效价值的关键解释变量是人均GDP（国内生产总值）、专利授权量以及单位GDP能耗。广州在以上三个维度中分别排名第六、第四和第四。可见，广州资源能力和绩效价值的得分排名靠前，与基础教育、科研机构、GDP总量等优势资源密不可分，但环境支持的得分与产业基础、外贸商业等不匹配，亟须改进。政府政策是促进创新创业活动的重要引导和规范，金融支持对于创新创业而言也是必不可少的环境，因此，优化创业投资发展的政策体系，对于改善广州双创环境、推动大众创业万众创新持续发展具有重要意义。

## 第二节　主要研究方法

1．文献分析法：根据课题研究目的和内容，广泛查阅相关学术资料、法律制度文本、科技统计年鉴等文献，对收集的资料进行归类整理，并加以分析与研究。

2．案例研究法：对创业投资成功的典型案例进行持续追踪调查，深入剖析研究，总结经验。

3．对比分析法：比较研究国内其他先进地区在创业投资方面的经验和特点得出启示，以供借鉴。

4．统计分析法：对从不同调研途径收集到的数据资料进行归纳统计，分析广州创业投资的发展现状和存在问题，为报告提出符合客观实际的对策建议提供实证支撑。

## 第三节 特色和创新之处

本研究报告从三个维度进行政策对比分析。

一是从经济体量出发。经济发达地区一直是创业投资机构最为集聚的地区，近年来，创业投资集中于北京及东部沿海地区，在股权投资及资本退出的地域分布中，京津冀、长三角、珠三角这三个地区同样最受青睐。考虑到发展阶段的相似性，研究报告选取2022年国内GDP排名前五的城市——上海、北京、深圳、重庆、广州，梳理创业投资政策及其实施效果，对广州具有重要的参考价值。

二是从创投政策环节出发。《国务院关于促进创业投资持续健康发展的若干意见》对设立创投机构、培育合格投资者、完善退出机制和税收支持政策等重要环节均提出了有针对性的支持意见。在加强政府引导和政策扶持方面，提出了“研究鼓励长期投资的政策措施”，并对政府定位予以明确，提出要“发挥政府资金的引导作用”，鼓励地方设立创投引导基金。参照此纲领文件，研究报告从落户奖励、租房补贴、人才引进、引导基金、投资退出奖励等政策要点的角度，对比广州与国内主要城市的创业投资政策内容。

三是从创投行业活跃程度出发。参照清科研究中心旗下私募通数据库的相关统计数据，选取创投机构数量、创投案例较多及金额较大的5个城市——北京、上海、深圳、杭州、广州做横向对比，分析现阶段广州在国内创业投资领域的发展水平和地位，探究广州创投未来发展的方向。

# 第二章　广州创业投资发展现状

## 第一节 创投市场财政扶持力度不断加大

2014—2022年，广州财政对创投市场的扶持力度不断加大。一是支持设立股权投资机构。2015—2017年，广州市财政共安排6500万元用于奖励新设股权投资企业，吸引了大批股权投资机构集聚发展。从2014年起连续3年，广州市财政每年安排500万元用于支持原广州股权交易中心发展。二是政策性基金的投入力度加大。为构筑“创、投、贷、融”科技金融生态圈，助力广州科技企业高质量发展，广州1500亿元的产投母基金和500亿元的创投母基金已落地并进入实操阶段；200亿元的广州市上市公司高质量发展基金也已正式启动。三是国有资本基金群初具规模。截至2022年底，广州国企设立、管理及参股各类具有产业特色的基金321只，滚动投资累计超2300亿元。2000亿元的广州产投母基金和创投母基金，成为迄今为止最大的政府引导类母基金，推动瑞通生物等一批新兴产业项目落地广州，有力支持了地方产业转型和创新发展。

# 第二节　创投机构数量阶段性增长

广州市委、市政府自2010年起陆续出台《关于促进广州市股权投资市场发展的意见》《关于促进广州股权投资市场规范发展的暂行办法》《广州市鼓励创业投资促进创新创业发展若干政策规定》等系列文件，搭建政策服务体系，简化工商登记流程，鼓励开展业务创新，建设集聚发展平台，吸引了一批规范运作并有影响力的股权投资机构落户广州。2016年9月，广州在全国一线城市暂停注册股权投资机构、私募投资基金的环境下，率先放开股权投资机构、私募投资基金的工商注册登记，在全国引起巨大反响。

## 一、创投机构数量增长情况（按成立时间）

2012—2022年，广州新成立的创业投资机构（已备案和未备案）数量（按总部地区在广州的风投机构统计）总计达132家，年均增长率为74.16%（见表2–1和图2–1）。

表2-1　2012—2022年广州创业投资机构数量增长情况（按成立时间）[①]

| 年份 | 当年成立数量/家 | 相比上年增长数量/家 | 较上年增长率 |
|---|---|---|---|
| 2012 | 7 | — | — |
| 2013 | 5 | −2 | −28.57% |
| 2014 | 18 | 13 | 260.00% |
| 2015 | 25 | 7 | 38.89% |
| 2016 | 23 | −2 | −8.00% |
| 2017 | 25 | 2 | 8.70% |
| 2018 | 13 | −12 | −48.00% |
| 2019 | 7 | −6 | −46.15% |
| 2020 | 3 | −4 | −57.14% |
| 2021 | 5 | 2 | 66.67% |
| 2022 | 1 | −4 | −80.00% |
| 合计 | 132 | — | — |

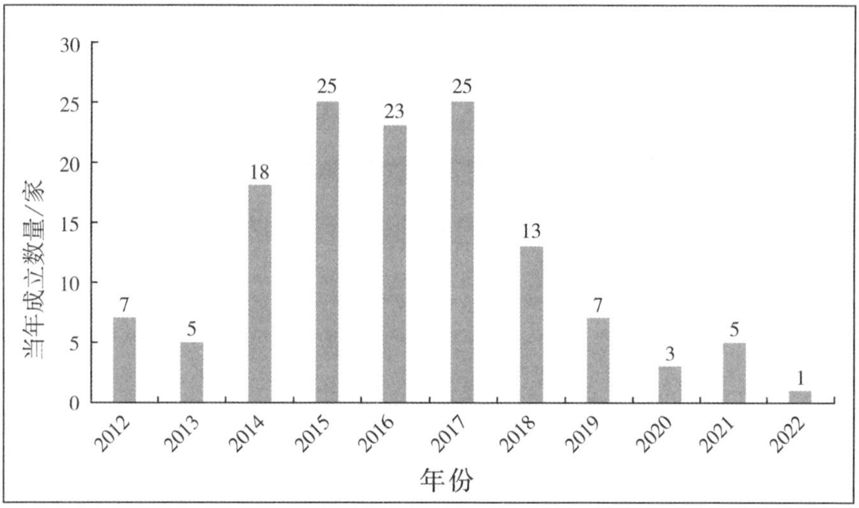


图2-1　2012—2022年广州创业投资机构数量增长情况（按成立时间）

① 数据来源：清科研究中心私募通数据库。

## 二、创投机构数量增长情况（按新募基金数量）

2012—2022年，广州创业投资机构（已备案和未备案）的年度新增数量（按风投机构的当年新募集完成基金数量统计）从9家增长至65家，增幅达622%，统计期内数量总计达259家，年均增长率为18.89%（见表2-2和图2-2）。

在数据统计期内，广州创业投资机构（已备案和未备案）的年度数量（按当年新募集完成基金数量统计）呈现阶段性上升的态势。从各年度机构数量相比上年的新增数量和增幅看，2014—2018年为第一个上升阶段，2020—2022年为第二个上升阶段；2013年和2019年则是上升阶段间的调整期，其年度增长数量相比上年均出现一定程度的下降，其中2013年没有新募集基金。预计未来广州创投机构年度新增数量将继续保持阶段性上升的趋势。

表2-2　2012—2022年广州创业投资机构数量增长情况（按新募基金数量）[①]

| 年份 | 年度新增数量/家 | 相比上年增长数量/家 | 较上年增长率 |
|---|---|---|---|
| 2012 | 9 | — | — |
| 2013 | 0 | −9 | −100.00% |
| 2014 | 7 | 7 | — |
| 2015 | 11 | 4 | 57.14% |
| 2016 | 14 | 3 | 27.27% |
| 2017 | 22 | 8 | 57.14% |
| 2018 | 31 | 9 | 40.91% |

① 数据来源：清科研究中心私募通数据库。

续表

| 年份 | 年度新增数量/家 | 相比上年增长数量/家 | 较上年增长率 |
|---|---|---|---|
| 2019 | 25 | −6 | −19.35% |
| 2020 | 26 | 1 | 4.00% |
| 2021 | 49 | 23 | 88.46% |
| 2022 | 65 | 16 | 32.65% |
| 合计 | 259 | — | — |

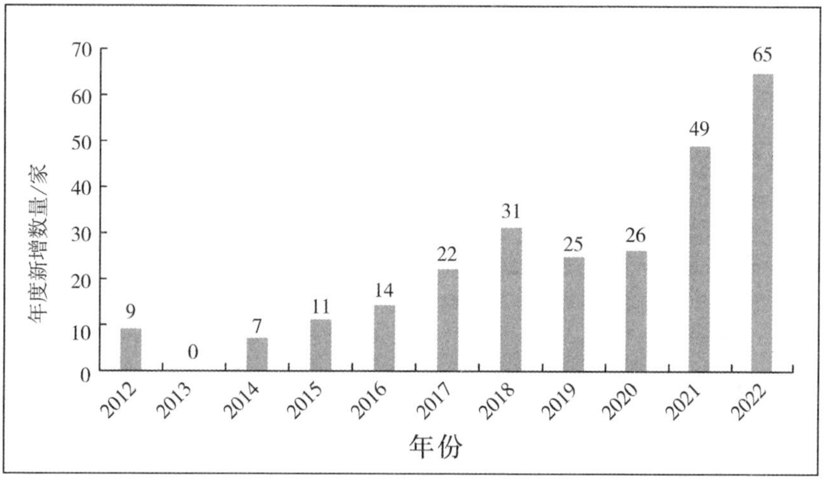


图2-2　2012—2022年广州创业投资机构数量增长情况（按新募基金数量）

## 第三节　创投机构融资金额大幅上涨

2008—2022年，广州创业投资机构（已备案和未备案）的当年融资额（按风投机构的当年新募集完成基金金额统计）从3.02亿元增长至26.84亿元，统计期内融资额累计达579.72亿元（见表2-3和图2-3）。

在数据统计期内，广州创业投资机构（已备案和未备案）的融资额（按当年新募集完成基金金额统计）整体呈上升趋势。其中，2013年融资额为3.90亿元，2015年则出现爆发式增长至115.74亿元，2018—2022年趋于平稳。

在数据统计期内，广州创业投资机构（已备案和未备案）的融资额中，99.94%为中资机构的融资额，仅在2015年有1只基金为合资机构融资（0.25亿元）。

表2-3　2008—2022年广州创业投资机构融资额增长情况（按新募基金金额）[①]

| 年份 | 融资额/亿元 | 相比上年增长额/亿元 | 较上年增长率 |
|---|---|---|---|
| 2008 | 3.02 | — | — |
| 2009 | 13.20 | 10.18 | 337.09% |
| 2010 | 41.37 | 28.17 | 213.41% |
| 2011 | 47.51 | 6.14 | 14.84% |
| 2012 | 38.45 | −9.06 | −19.07% |
| 2013 | 3.90 | −34.55 | −89.86% |
| 2014 | 20.64 | 16.74 | 429.23% |
| 2015 | 115.74 | 95.10 | 460.76% |
| 2016 | 82.85 | −32.89 | −28.42% |
| 2017 | 57.64 | −25.21 | −30.43% |
| 2018 | 36.31 | −21.33 | −37.01% |
| 2019 | 41.76 | 5.45 | 15.01% |
| 2020 | 25.48 | −16.28 | −38.98% |
| 2021 | 25.01 | −0.47 | −1.84% |
| 2022 | 26.84 | 1.83 | 7.31% |
| 合计 | 579.72 | — | — |

① 数据来源：清科研究中心私募通数据库。

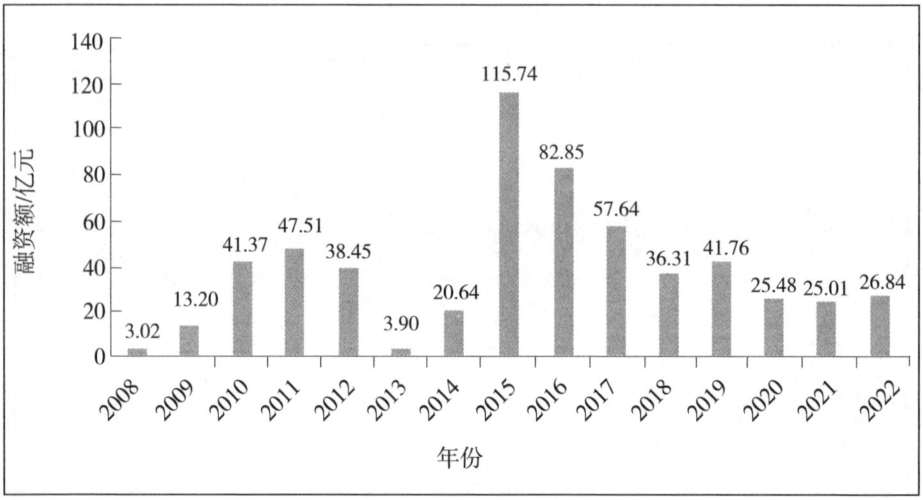


图2-3 2008—2022年广州创业投资机构融资额增长情况
（按新募基金金额）

# 第四节　政府引导基金投入力度逐渐加大

作为全国最早探索设立政府引导基金的城市之一，广州于2010年设立广州市创业投资引导基金，并开启了广州市政府引导基金的探索与发展之路。经过多年的实践发展与经验积累，广州在市级层面已形成涵盖产业转型升级、工业发展、中小企业、科技创新、人才创新创业等领域的引导基金体系，并且天河、增城、番禺、南沙等区都纷纷设立了区级引导基金。目前，广州已形成了市、区两级政府引导基金体系。

2008—2022年，广州市政府引导设立的基金数量合计从1只增加至57只，合计目标规模从1.44亿元增加至1706.23亿元，累计募集金额从1亿元增加至639.93亿元（见表2–4）。

表2–4　2008—2022年广州市政府引导基金设立情况[①]

| 年份 | 当年设立基金数量/只 | 目标规模/亿元 | 当年完成募集基金数量/只 | 募集金额/亿元 |
|---|---|---|---|---|
| 2008 | 1 | 1.44 | 1 | 1 |
| 2009 | 1 | 1.44 | 1 | 10 |
| 2010 | 2 | 0.89 | 1 | 3 |

① 数据来源：清科研究中心私募通数据库。

续表

| 年份 | 当年设立基金数量/只 | 目标规模/亿元 | 当年完成募集基金数量/只 | 募集金额/亿元 |
|---|---|---|---|---|
| 2011 | 1 | 0 | 0 | 0 |
| 2012 | 0 | 0 | 0 | 0 |
| 2013 | 0 | 0 | 0 | 0 |
| 2014 | 7 | 2.73 | 8 | 67 |
| 2015 | 10 | 39.4 | 5 | 121 |
| 2016 | 9 | 45.66 | 10 | 81.2 |
| 2017 | 12 | 706.22 | 11 | 163.24 |
| 2018 | 5 | 108.45 | 5 | 29 |
| 2019 | 4 | 170 | 7 | 67.37 |
| 2020 | 3 | 330 | 4 | 17.50 |
| 2021 | 1 | 200 | 3 | 44.81 |
| 2022 | 1 | 100 | 2 | 34.81 |
| 合计 | 57 | 1706.23 | 58 | 639.93 |

从上述数据可以看出，从2008—2022年，广州市政府引导基金发展较为缓慢，其中2012—2013年甚至没有政府引导基金设立，但2014—2017年出现井喷式增长态势，2018—2022年广州市政府基金的设立数量和目标规模都有所下降。

## 第五节　创业投资项目（案例）数量阶段式增长

2012—2022年，广州创业投资机构（已备案和未备案）的当年投资项目（案例）数量（按企业融资统计）从126个增长至318个，投资项目（案例）累计为4484个（见表2-5和图2-4）。

在数据统计期内，2015—2017年为广州创业投资机构（已备案和未备案）的投资项目（案例）数量增长的高峰期；2016年创业投资项目（案例）数量则出现了明显的回落，可能与2016年上半年广州一度暂停私募注册有关；2017年创业投资项目（案例）数量相比2016年增长10.58%；2018年以后受中美贸易摩擦影响，投资环境变差，2018—2022年当年创业投资项目（案例）数量一度下降。

表2-5　2012—2022年广州创业投资项目（案例）数量增长情况（按企业融资）[①]

| 年份 | 当年投资数量/个 | 相比上年增长数量/个 | 较上年增长率 |
|---|---|---|---|
| 2012 | 126 | — | — |
| 2013 | 136 | 10 | 7.94% |
| 2014 | 314 | 178 | 130.88% |

① 数据来源：清科研究中心私募通数据库。

续表

| 年份 | 当年投资数量/个 | 相比上年增长数量/个 | 较上年增长率 |
| --- | --- | --- | --- |
| 2015 | 699 | 385 | 122.61% |
| 2016 | 567 | −132 | −18.88% |
| 2017 | 627 | 60 | 10.58% |
| 2018 | 525 | −102 | −16.27% |
| 2019 | 389 | −136 | −25.90% |
| 2020 | 324 | −65 | −16.71% |
| 2021 | 459 | 135 | 41.67% |
| 2022 | 318 | −141 | −30.72% |
| 合计 | 4484 | — | — |

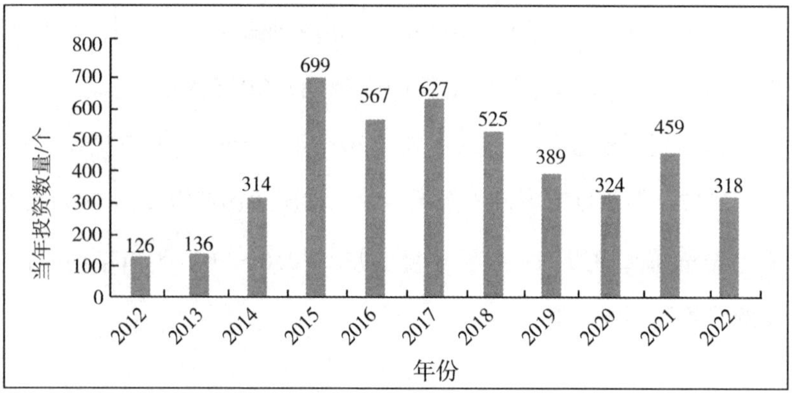


图2-4　2012—2022年广州创业投资项目（案例）数量增长情况（按企业融资）

# 第六节　创业投资金额增长趋势明显

2012—2022年，广州创业投资机构（已备案和未备案）的当年投资金额（按企业融资统计）从206.67亿元增长至604.49亿元，统计期内投资金额累计达5468.51亿元，年均投资额为497.14亿元（见表2-6和图2-5）。

在数据统计期内，广州创业投资金额整体呈上升的趋势，但各年度增长幅度的波动较大。值得关注的是，2017年较上年出现爆发式增长，同比增长率高达259.74%，主要是因为2017年南京润恒企业管理有限公司投资恒大地产集团珠三角房地产开发有限公司200亿元，大大拉高了当年的投资金额。2018年投资金额虽然有所下降，但相较于2012—2016年仍然有大幅度的增长；2021—2022年出现回落，但广州创业投资金额仍保持良好的稳定增长态势。

表2-6　2012—2022年广州创业投资金额增长情况（按企业融资）[①]

| 年份 | 投资金额/亿元 | 相比上年增长额/亿元 | 较上年增长率 |
|---|---|---|---|
| 2012 | 206.67 | — | — |
| 2013 | 116.71 | −89.96 | −43.53% |
| 2014 | 119.05 | 2.34 | 2.01% |
| 2015 | 181.42 | 62.37 | 52.39% |
| 2016 | 274.62 | 93.20 | 51.37% |
| 2017 | 987.93 | 713.31 | 259.74% |
| 2018 | 604.12 | −383.81 | −38.85% |
| 2019 | 698.14 | 94.02 | 15.56% |
| 2020 | 966.13 | 267.99 | 38.39% |
| 2021 | 709.23 | −256.90 | −26.59% |
| 2022 | 604.49 | −104.74 | −14.77% |
| 合计 | 5468.51 | — | — |

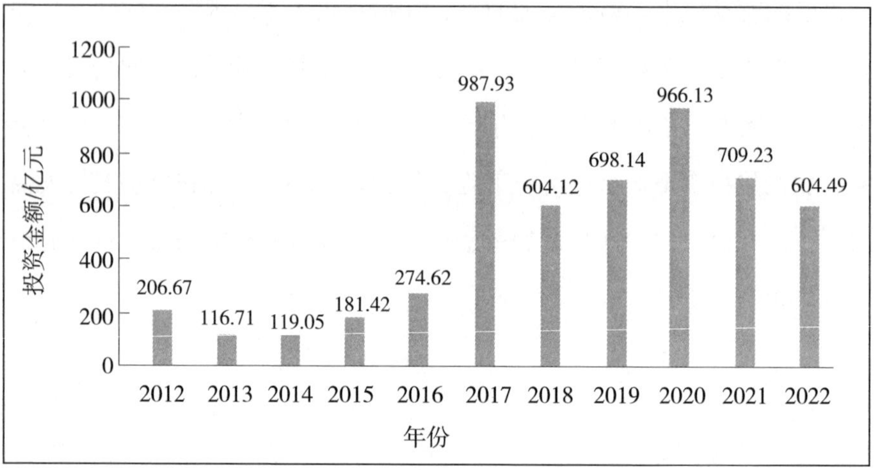


图2-5　2012—2022年广州创业投资金额增长情况（按企业融资）

① 数据来源：清科研究中心私募通数据库。

# 第七节　创业投资领域广泛

2012—2022年，广州创业投资呈现各个行业全面开花之势，明细行业数量共23个。

从投资金额来看，累计投资金额达到10亿元以上的行业有19个，在1亿元至10亿元区间的行业有2个，不足1亿元的行业有2个。在投资金额达10亿元以上的19个行业中，累计投资规模及单年投资金额较大的有房地产、汽车、IT、互联网和生物技术/医疗健康。以房地产行业为例，2012—2022年累计投资金额高达630.52亿元，占比14.98%（见表2-7）。

表2-7　2012—2022年广州创投市场投资行业分布情况（按金额）[①]

单位：亿元

| 行业 | 2012年 | 2013年 | 2014年 | 2015年 | 2016年 | 2017年 | 2018年 | 2019年 | 2020年 | 2021年 | 2022年 | 合计 |
|---|---|---|---|---|---|---|---|---|---|---|---|---|
| 房地产 | 12.20 | 40.88 | 1.50 | 6.79 | 1.01 | 200.50 | 2.88 | 62.10 | 292.49 | 9.87 | 0.30 | 630.52 |
| 汽车 | 12.64 | 0.59 | 0.10 | 1.08 | 3.84 | 21.83 | 122.95 | 45.90 | 121.51 | 48.07 | 221.50 | 600.01 |
| IT | 0.90 | 0.38 | 2.10 | 6.73 | 8.37 | 6.19 | 45.25 | 69.81 | 88.34 | 82.61 | 56.03 | 366.71 |
| 互联网 | 10.48 | 2.64 | 17.79 | 26.49 | 25.13 | 44.18 | 87.30 | 53.64 | 43.87 | 34.10 | 11.99 | 357.61 |
| 生物技术/医疗健康 | 1.41 | 2.48 | 1.94 | 14.68 | 6.25 | 13.52 | 40.58 | 59.38 | 63.39 | 87.71 | 53.62 | 344.96 |

① 数据来源：清科研究中心私募通数据库。

续表

| 行业 | 2012年 | 2013年 | 2014年 | 2015年 | 2016年 | 2017年 | 2018年 | 2019年 | 2020年 | 2021年 | 2022年 | 合计 |
|---|---|---|---|---|---|---|---|---|---|---|---|---|
| 食品&饮料 | 1.27 | — | 0.61 | 0.32 | — | — | 0.30 | 2.53 | 27.45 | 144.12 | 0.21 | 176.81 |
| 化工原料及加工 | 0.45 | 0.15 | 2.30 | 0.29 | — | 0.10 | 1.10 | 18.32 | 81.33 | 38.23 | 19.45 | 161.72 |
| 半导体 | — | — | — | — | — | 0.50 | 0.03 | 7.85 | 4.70 | 65.79 | 60.30 | 139.17 |
| 电信及增值业务 | 13.74 | 38.15 | 4.06 | 8.72 | 8.65 | 10.91 | 14.27 | 5.56 | 9.20 | 24.12 | 1.50 | 138.88 |
| 金融 | 0.51 | 0.38 | 3.52 | 5.37 | 4.88 | 7.63 | 81.28 | 16.34 | 0.70 | 0.17 | 3.08 | 123.86 |
| 清洁技术 | — | 0.35 | 0.03 | 0.60 | — | 1.31 | 0.17 | 32.90 | 0.20 | 53.36 | 3.84 | 92.76 |
| 机械制造 | 0.62 | 1.13 | 1.94 | 0.98 | 1.97 | — | 0.68 | 6.90 | 4.14 | 61.14 | 12.38 | 91.88 |
| 电子及光电设备 | 0.27 | 2.96 | 0.46 | 1.61 | 0.92 | 8.64 | 8.15 | 2.60 | 21.33 | 15.78 | 25.26 | 87.98 |
| 连锁及零售 | 2.60 | 1.17 | 1.01 | 2.65 | 1.09 | 3.36 | 22.49 | 0.77 | 22.56 | 12.09 | 9.14 | 78.93 |
| 娱乐传媒 | 1.90 | 1.99 | 0.68 | 2.32 | 4.21 | 5.03 | 12.18 | 1.63 | 0.90 | 7.03 | 0.20 | 38.07 |
| 建筑/工程 | — | 1.00 | 0.33 | — | 0.27 | — | 10.05 | 0.48 | 18.40 | 0.30 | 0.45 | 31.28 |
| 农/林/牧/渔 | 0.65 | 0.45 | — | 0.03 | 0.10 | 0.07 | 0.24 | 0.05 | 0.10 | — | 23.53 | 25.22 |
| 教育与培训 | 0.10 | 0.10 | 3.70 | 2.14 | 0.41 | 1.59 | 1.47 | 3.69 | 0.71 | 2.64 | 0.23 | 16.78 |
| 纺织及服装 | 0.10 | — | 0.43 | 1.50 | — | 1.00 | 2.29 | 0.03 | 2.06 | 0.10 | 0.40 | 7.91 |
| 物流 | — | — | 0.10 | 0.47 | 0.33 | 0.82 | 0.47 | 0.80 | — | 2.32 | 1.57 | 6.88 |
| 广播电视及数字电视 | — | 0.60 | — | — | — | — | — | — | — | 0.27 | — | 0.87 |
| 能源及矿产 | — | — | — | — | 0.10 | — | — | — | — | 0.20 | — | 0.30 |
| 其他 | — | — | 3.83 | 2.04 | 3.12 | 2.38 | 105.51 | 304.54 | 162.74 | 19.23 | 85.55 | 688.94 |
| 合计 | 59.84 | 95.40 | 46.43 | 84.81 | 70.65 | 329.56 | 559.64 | 695.82 | 966.12 | 709.25 | 590.53 | 4208.05 |

从投资案例数量来看，累计投资案例数量达到100个（含）以上的行业有7个，50—100个的行业有7个，15—50个的行业有7个，不足15个的行业有2个。累计投资案例数量最多的行业是互联网行业，2012—2022年累计达到581个，2015年达最高数量94个，2016—2022年有所下降；其次依次为IT、生物技术/医疗健康、电信及增值业务、连锁及零售、娱乐传媒行业（见表2–8）。

表2–8　2012—2022年广州创投市场投资行业分布情况（按案例数量）[1]

单位：个

| 行业 | 2012年 | 2013年 | 2014年 | 2015年 | 2016年 | 2017年 | 2018年 | 2019年 | 2020年 | 2021年 | 2022年 | 合计 |
|---|---|---|---|---|---|---|---|---|---|---|---|---|
| 互联网 | 10 | 15 | 36 | 94 | 86 | 78 | 31 | 72 | 63 | 68 | 28 | 581 |
| IT | 9 | 7 | 17 | 33 | 37 | 31 | 50 | 83 | 60 | 91 | 79 | 497 |
| 生物技术/医疗健康 | 6 | 8 | 6 | 20 | 15 | 27 | 41 | 68 | 54 | 80 | 57 | 382 |
| 电信及增值业务 | 12 | 16 | 24 | 44 | 23 | 20 | 4 | 17 | 10 | 9 | 3 | 182 |
| 连锁及零售 | 4 | 5 | 2 | 8 | 8 | 9 | 11 | 11 | 20 | 36 | 16 | 130 |
| 娱乐传媒 | 4 | 6 | 4 | 13 | 17 | 18 | 14 | 14 | 4 | 18 | 6 | 118 |
| 机械制造 | 6 | 3 | 2 | 12 | 3 | 1 | 11 | 21 | 6 | 19 | 22 | 106 |
| 电子及光电设备 | 2 | 7 | 3 | 9 | 1 | 4 | 3 | 11 | 17 | 17 | 20 | 94 |
| 其他 | — | — | 6 | 9 | 11 | 14 | 6 | 6 | 13 | 14 | 5 | 84 |
| 化工原料及加工 | 2 | 1 | 3 | 4 | 1 | 2 | 8 | 14 | 18 | 19 | 12 | 84 |
| 金融 | 2 | 3 | 3 | 17 | 11 | 8 | 10 | 12 | 4 | 6 | 4 | 80 |
| 汽车 | 3 | 3 | 2 | 4 | 3 | 10 | 9 | 6 | 4 | 11 | 9 | 64 |
| 半导体 | — | — | — | — | — | 2 | 1 | 7 | 5 | 26 | 23 | 64 |
| 教育与培训 | 1 | 1 | 2 | 3 | 7 | 10 | 3 | 13 | 12 | 7 | 3 | 62 |

① 数据来源：清科研究中心私募通数据库。

续表

| 行业 | 2012年 | 2013年 | 2014年 | 2015年 | 2016年 | 2017年 | 2018年 | 2019年 | 2020年 | 2021年 | 2022年 | 合计 |
|---|---|---|---|---|---|---|---|---|---|---|---|---|
| 食品和饮料 | 1 | — | 1 | 2 | — | — | 1 | 5 | 9 | 13 | 7 | 39 |
| 房地产 | 2 | 3 | 2 | 6 | 2 | 2 | 4 | 5 | 7 | 3 | 1 | 37 |
| 清洁技术 | — | 2 | 1 | 3 | — | 5 | 2 | 8 | 3 | 5 | 7 | 36 |
| 建筑/工程 | — | 1 | 1 | 1 | 4 | — | 8 | 5 | 7 | 2 | 1 | 30 |
| 物流 | — | 1 | 1 | 5 | 6 | 3 | 1 | 1 | 1 | 5 | 4 | 28 |
| 农/林/牧/渔 | 2 | 2 | — | 2 | 1 | 2 | 2 | 1 | 1 | 2 | 3 | 18 |
| 纺织及服装 | 1 | — | 2 | 1 |  | 1 | 1 | 1 | 4 | 2 | 4 | 17 |
| 广播电视及数字电视 | — | 2 | — | — | — | — | — | — | — | 1 | — | 3 |
| 能源及矿产 | — | — | — | — | 1 | — | — | — | — | 1 | — | 2 |
| 合计 | 67 | 86 | 118 | 290 | 237 | 247 | 221 | 381 | 322 | 455 | 314 | 2738 |

综合表2-7和表2-8的数据分析，虽然房地产与汽车行业的创业投资金额较大，但两个行业均为传统行业，单次投资金额大，因此，从创投活跃度来讲，电子信息领域实际上最为吸引创投者的目光。在广州经济高速发展期间，互联网、IT、通信、光电等领域极具发展空间、深具投资价值。

# 第八节　资本市场生态环境逐步优化

广州高度重视各项资本市场建设工作中的资源整合，通过与深圳证券交易所合作共建广州科技金融路演中心、与全景网合作共建广州新三板企业路演中心、指导原广州股权交易中心探索服务模式创新和产品开发等多种手段支持广州股权投资市场发展，不断优化广州资本市场生态环境。广州市地方金融监管局发布《广州市加快推进企业上市高质量发展“领头羊”助力产业领跑行动计划（2023—2025年）》，聚焦新兴产业和优势产业，引导企业强化内生增长动力，从资金支持、政策引导等多维度加快孵化培育，支持各类企业利用资本市场做大做强，为广州实体经济发展提供有力支持。

广州不仅通过优越的政策环境吸引机构集聚发展，而且不断完善配套服务，通过搭建投融资活动平台深入企业调研等方式向股权投资机构推介优秀创新创业企业，促进企业与资本对接，充分发挥金融服务实体经济发展的作用。近年来广州持续优化投融资环境和创业投资生态圈。从广东科学技术厅官网2023年11月22日对“广州科技金融特派员近年来促成科技企业融资超200亿元让‘金融活水’高效润泽创新一线”的报道中了解到，广州持续举办“广州科技金融特派员训练营”“广州科技金融特派员助企行”“广州科技金融特派员园区行”等系列活动，组织科技金融特派员主动上门为科技企业“送服务”，构建科技金融生态的关键一环，链接各方，自2020年来累计组织开展近1200场活动，促成1000余家企业获得投融资超232亿元。

# 第三章　广州创业投资发展与国内先进城市的比较

# 第一节　主要发达城市创业投资发展概况

## 一、北京

北京中关村是我国首个国家自主创新示范区，是我国最能与美国硅谷相提并论的创新创业高地。中关村已成为我国创业投资最活跃的区域，不断引领我国战略性新兴产业发展的潮流。

早在2001年，中关村就在全国率先设立了中关村创业投资引导资金，引导资金由北京中关村创业投资发展有限公司负责日常运作和管理，主要采用跟进投资（联合投资）、参股设立创业投资企业等方式与社会资金开展合作。为引导创业投资机构投资中关村初创期企业，自2006年起，中关村实施创业投资企业风险补贴政策，对投资中关村成立5年以内的科技企业的创业投资机构，按照其实际投资额的10%给予风险补贴，单笔补贴金额不超过100万元。2009年获批国家自主创新示范区之后，中关村深入开展科技金融试点，出台了《中关村国家自主创新示范区创业投资风险补贴资金管理办法》，规定创业投资企业支持的高新企业最高可获300万元补贴，这一措施有力鼓励了创业投资企业对中关村高新企业的支持。2011年，中关村又在全国率先推出天使投资引导资金政策，截至2017年底，与戈壁投资、创新工场等机构合作设立了14只天使投资引导基金，引导基金承诺出资16150万元，基金总规模达130784万元，资金放大8倍多。2021年，中关村管委会发布《中关村国家自主创新示范区促进科技金融深度融合创新发展支持资金管理办法》，继续大力发展天使投资和创业投资。

在投资的带动下，2016—2018年中关村示范区每年新创办企业超过2万家，瞪羚企业达5000余家，独角兽企业达70家，占全国总数近一半。截至2018年末，中关村拥有35家上市公司、500多家创业孵化机构、600多个创新型社会组织和1800多家创投机构，天使、创投案例和金额占全国总量约三分之一。截至2023年底，中关村天使创投引导基金共参与设立子基金73只，基金总规模390亿元，财政资金引导放大超过20倍，投资战略性新兴产业前沿技术项目1400个；中关村管委会共安排天使创投风险补贴支持资金2.39亿元，支持投资机构190余家，支持中关村高成长企业400余家。

表3-1　北京2009—2022年创业投资部分相关政策

| 序号 | 政策文件 | 发文字号 | 覆盖内容 |
| --- | --- | --- | --- |
| 1 | 《关于印发〈关于促进股权投资基金业发展的意见〉的通知》 | 京金融办〔2009〕5号 | 税收政策 |
| 2 | 《关于印发〈中关村国家自主创新示范区战略性新兴产业中小企业创新资金管理办法〉的通知》 | 中科园发〔2011〕39号 | 股权投资、天使投资引导资金 |
| 3 | 《关于印发〈中关村国家自主创新示范区创业投资引导资金管理办法〉的通知》 | 中科园发〔2011〕48号 | 引导资金 |
| 4 | 《关于印发〈北京创造·战略性新兴产业创业投资引导基金管理暂行办法〉的通知》 | 京发改〔2012〕694号 | 引导基金 |

续表

| 序号 | 政策文件 | 发文字号 | 覆盖内容 |
| --- | --- | --- | --- |
| 5 | 《关于印发〈中关村国家自主创新示范区天使投资和创业投资支持资金管理办法〉的通知》 | 中科园发〔2014〕41号 | 引导资金、投资补贴 |
| 6 | 《关于印发〈中关村国家自主创新示范区股权激励代持股专项资金管理办法（试行）〉的通知》 | 中科园发〔2015〕54号 | 股权激励 |
| 7 | 《关于印发〈中关村国家自主创新示范区促进科技金融深度融合创新发展支持资金管理办法〉的通知》 | 中科园发〔2017〕10号 | 投资补贴 |
| 8 | 《关于印发〈北京市引进人才管理办法（试行）〉的通知》 | 京人社调发〔2018〕38号 | 人才引进 |
| 9 | 关于印发〈《中关村国家自主创新示范区促进科技金融深度融合创新发展支持资金管理办法》实施细则（试行）〉的通知 | 中科园发〔2019〕7号 | 风险投资、企业挂牌、改制等补贴 |

## 二、上海

上海是中国的第一大城市，也是建设具有全球影响力的科技创新中心的最重要的承载主体。自1992年上海第一家创业投资公司（上海科技投资公司）正式成立以来，上海创业投资行业（简称“上海创投业”）已走过起步和成长两个阶段，目前进入稳步发展阶段。

近年来，上海多方位建构创投市场，随着政策性引导基金的推出、大批外资及民间创投资金的加入，以及创投机构不断增多、投资领域偏向高新技术产业等趋势，上海创投业持续保持良好发展态势。上海通过举办创业大赛、与创新研究机构多维度交流合作、建构创业投资的重要承载区、建设张江科学城等，以多角度、全方位、有特色的方式推进了创新创业建设。

表3-2 上海2010—2022年创业投资部分相关政策

| 序号 | 政策文件 | 发文字号 | 覆盖内容 |
| --- | --- | --- | --- |
| 1 | 《上海市人民政府关于批转市发展改革委市财政局制订的〈上海市创业投资引导基金管理暂行办法〉的通知》 | 沪府发〔2010〕37号 | 引导基金 |
| 2 | 《关于本市股权投资企业工商登记等事项的通知（修订）》 | 沪金融办通〔2011〕10号 | 税收政策 |
| 3 | 《上海市人民政府印发关于加快上海创业投资发展若干意见的通知》 | 沪府发〔2014〕43号 | 引导基金、创投奖励和风险补偿、人才引进 |
| 4 | 《上海市人民政府办公厅印发〈关于促进金融服务创新支持上海科技创新中心建设的实施意见〉的通知》 | 沪府办〔2015〕76号 | 引导基金 |
| 5 | 《关于印发〈关于服务具有全球影响力的科技创新中心建设实施更加开放的国内人才引进政策的实施办法〉的通知》 | 沪人社力发〔2015〕41号 | 人才引进 |
| 6 | 《上海市人力资源和社会保障局关于延长〈关于印发《关于服务具有全球影响力的科技创新中心建设实施更加开放的国内人才引进政策的实施办法》的通知〉有效期的通知》 | 沪人社规〔2022〕35号 | 人才引进 |
| 7 | 《上海市人民政府关于批转市发展改革委、市财政局制订的〈上海市创业投资引导基金管理办法〉的通知》 | 沪府发〔2017〕81号 | 引导基金 |

续表

| 序号 | 政策文件 | 发文字号 | 覆盖内容 |
| --- | --- | --- | --- |
| 8 | 《上海市人民政府关于促进上海创业投资持续健康高质量发展的若干意见》 | 沪府规〔2019〕29号 | 政府投资基金、创业投资与科技金融服务体系联动、产业发展、人才和政策保障 |
| 9 | 《上海市人民政府办公厅关于印发〈加快推进上海金融科技中心建设实施方案〉的通知》 | 沪府办规〔2020〕1号 | 支持金融科技发展 |
| 10 | 《关于印发〈上海市天使投资引导基金管理实施细则〉的通知》 | 沪发改规范〔2020〕15号 | 引导基金 |

## 三、深圳

深圳是国内创业风险投资最活跃的地区之一。早在1994年底，深圳就组建了注册资本达1亿元的深圳市高新投集团有限公司，主要为科技企业提供融资担保服务。1999年8月，市政府出资5亿元，社会资本出资2亿元，成立了深圳市创新投资集团有限公司（简称“深创投”），到2000年9月总资本已达16亿元。1999年9月，市政府通过深业集团有限公司出资2000万美元成立了中国（深圳）高科技创业投资基金。1999年12月，市政府出资2亿元专门成立了深圳市中小企业信用担保中心，为符合条件的中小企业向银行贷款提供信用担保。

由于起步早、市场环境好、开放度高，深圳创业投资行业发展迅速，基本形成了包括资金市场、各层次的创业投资主体以及服务中介和监督中介、项目市场等要素在内的创业投资市场体系，在风险机构数量、创业投资公司管理和运作机制、项目投资规模、行业人才队伍、法律法规环境等多方面都领先于内地其他城市。如今，深圳已经成为中国内地重要的股权投资和创业投资的聚集地，基金管理规模约占中国内地的1/5，与北京、上海形成了中国内地创投“三足鼎立”的格局。

2018年12月，深圳制定出台了《深圳市促进创业投资行业发展的若干措施》（深府规〔2018〕27号）。该措施着重打造全生命周期的创投生态体系和整体政策环境，依托深圳战略性新兴产业、现代服务业和先进制造业等产业基础及国际科技、产业创新中心规划布局，构建创业投资发展的良好环境，促进科技创新成果转化，发挥创业投资在推动产业转型升级的引领作用。

2022年4月，《深圳市地方金融监督管理局关于印发〈关于促进深圳风投创投持续高质量发展的若干措施〉的通知》中提出，扶持重点风投创投机构发展；根据创投机构实际在深投资额分档次进行奖励，将对创投机构单笔最高奖励从1500万元提升至2000万元；另外，支持深圳证券交易所资本市场建设，充分发挥其核心地位优势，探索优秀风投创投企业上市安排；鼓励风投创投企业的被投机构通过上市、挂牌、并购及协议转让等方式拓宽退出渠道。

表3-3　深圳2010—2022年创业投资部分相关政策

| 序号 | 政策文件 | 发文字号 | 覆盖内容 |
| --- | --- | --- | --- |
| 1 | 《深圳市人民政府印发关于促进股权投资基金业发展的若干规定的通知》 | 深府〔2010〕103号 | 税收政策、落户奖励、投资奖励、其他补贴 |

续表

| 序号 | 政策文件 | 发文字号 | 覆盖内容 |
|---|---|---|---|
| 2 | 《关于进一步支持股权投资基金业发展有关事项的通知》 | 深府办〔2010〕100号 | 落户奖励、一次性奖励 |
| 3 | 《深圳市人民政府关于印发扶持金融业发展若干措施的通知》 | 深府规〔2017〕2号 | 落户奖励 |
| 4 | 《深圳市人民政府关于印发促进创业投资行业发展若干措施的通知》 | 深府规〔2018〕27号 | 引导基金、落户奖励、人才引进 |
| 5 | 《深圳市人民政府关于印发支持金融人才发展实施办法的通知》 | 深府规〔2018〕28号 | 金融人才培养 |
| 6 | 《深圳市人民政府关于印发支持金融人才发展实施办法的通知》 | 深府规〔2020〕3号 | 高层次金融人才培养 |
| 7 | 《深圳市地方金融监督管理局关于印发〈关于促进深圳风投创投持续高质量发展的若干措施〉的通知》 | 深金监规〔2022〕3号 | 落户奖励、一次性奖励、租房补贴等 |

## 四、杭州

根据《浙江省创业投资发展报告2018》，截至2017年底，浙江省创投机构累计投资创业企业3434家，累计投资金额491.75亿元，其中累计投资高新技术企业738家，累计投资额达到152.19亿元。

根据公开融资事件统计[①]，2017年杭州获投项目共吸金311亿元，融资

① 微链研究院：《2017杭州创业与投资盘点：守正创新，开拓进取》，《杭州科技》2018年第1期。

额超1亿元的融资事件共有40起，占比达16.53%。在2017云栖大会上，阿里巴巴集团宣布向达摩院投资1000亿元，押注于“未来科技核心竞争力”上，“新零售”的飓风从杭州吹向整个创投圈，乃至太平洋对岸的硅谷。杭州的创业活力令人惊叹，从中催生的创新更活跃地刺激了各个行业。

2022年1月至2023年2月全国已累计发生465起城投整合事件，浙江省城投整合事件数量居首，杭州市平台整合颇受关注。城投整合有助于压减平台数量、提高融资管控集中性、做大资产规模和拓宽融资渠道。全国城投整合事件数量在2023年2月回落，但仍处于较高水平，资产划转是主要整合方式。

**表3-4　杭州2010—2022年创业投资部分相关政策**

| 序号 | 政策文件 | 发文字号 | 覆盖内容 |
|---|---|---|---|
| 1 | 《杭州市人民政府办公厅关于印发促进我市股权投资业发展实施办法的通知》 | 杭政办〔2010〕11号 | 开办费奖励、投资追加奖励、办公用房补助、税费政策、高管政策 |
| 2 | 《杭州市人民政府办公厅关于加强众创空间建设进一步推进大众创业万众创新的实施意见》 | 杭政办〔2018〕1号 | 天使基金、融资资助 |
| 3 | 《杭州市人民政府办公厅转发市发改委市财政局关于杭州市创业投资引导基金管理办法的通知》 | 杭政办函〔2019〕47号 | 创业投资引导基金 |
| 4 | 《杭州市科学技术局 杭州市财政局关于印发〈杭州市天使投资引导基金管理办法〉的通知》 | 杭科资〔2021〕3号 | 天使投资引导基金 |

续表

| 序号 | 政策文件 | 发文字号 | 覆盖内容 |
|---|---|---|---|
| 5 | 《杭州市人民政府关于印发杭州市新一轮制造业“腾笼换鸟、凤凰涅槃”攻坚行动方案（2021—2023年）的通知》 | 杭政函〔2021〕92号 | 加大金融支持力度 |
| 6 | 《杭州市人民政府关于印发杭州市深入推进经济高质量发展“凤凰行动”计划（2021—2025年）的通知》 | 杭政函〔2021〕94号 | 上市、并购和债权补助等 |

# 第二节　广州与先进城市的创业投资政策环境对比

## 一、核心指导性文件

自2016年国务院发布《国务院关于促进创业投资持续健康发展的若干意见》（国发〔2016〕53号），多地积极响应，相继发布关于创业投资的指导意见和措施。截至2019年2月，全国31个省（自治区、直辖市）中，已有27个省（自治区、直辖市）出台了促进创业投资持续发展的相关意见和措施（详见附表1）。其中，13个省（自治区、直辖市）明确提出了具体的发展目标。值得注意的是，上海和重庆早于国发〔2016〕53号文发布前，就出台了有关创业投资的指导意见，可见两个直辖市对创业投资的重视。广东省政府于2017年5月印发《广东省人民政府关于印发广东省加快促进创业投资持续健康发展实施方案的通知》（粤府〔2017〕62号），从培育多元创业投资主体、多渠道拓宽创业投资资金和项目来源、加强政府引导和政策扶持、进一步完善创业投资退出机制、优化创业投资市场环境、推动创业投资行业双向开放、完善创业投资行业自律和服务体系七大方面，进一步促进广东省创业投资持续健康发展，着力将广东打造成华南风投创投中心。

北京、上海、深圳、广州、杭州5个城市促进创业投资的指导政策对比见表3-5。从表中可看出，其他4个城市的文件主要是依据国发〔2016〕53号文提出基于本城市实际情况的促进创业投资持续健康发展的总体意见和措施，纲领性质更强、覆盖面更广；广州的文件则是具体的政策规定，注重实操性，重点是对本地区创业投资行为的具体奖励和补助。其中，鼓励创业投资“引进来”和“走出去”，对投资海外高科技项目及成功引进境外资金的有关企业进行奖励是广州特有政策，其他城市未见出台。

表3-5　5个城市促进创业投资的指导政策对比

| 城市 | 政策文件 | 政策目标 | 政策要点 |
|---|---|---|---|
| 北京 | 《北京市人民政府关于大力推进大众创业万众创新的实施意见》（京政发〔2015〕49号） | 成为具有全球影响力的创新创业地区 | （1）积极构建创新创业服务体系。<br>（2）着力培育创新创业发展形成。<br>（3）全面优化创新创业空间布局。<br>（4）不断完善创新创业保障机制 |
| 上海 | 《上海市人民政府关于促进上海创业投资持续健康高质量发展的若干意见》（沪府规〔2019〕29号） | 形成具有世界竞争力的创业投资集聚发展新高地 | （1）充分发挥各类政府投资基金的引导带动作用。<br>（2）推动创业投资与多层次科技金融服务体系联动发展。<br>（3）推动创业投资和产业发展、区域发展形成合力。<br>（4）加强人才和政策保障 |
| 深圳 | 《深圳市促进创业投资行业发展的若干措施》（深府规〔2018〕27号） | 打造成为国际风投创投中心城市 | （1）丰富创业投资主体和资金募集渠道。<br>（2）完善创业投资项目的投资服务体系。<br>（3）拓宽和完善创业投资退出渠道和机制。<br>（4）推进创业投资双向开放。<br>（5）优化创投产业空间布局。<br>（6）优化创业投资监管和市场环境 |

续表

| 城市 | 政策文件 | 政策目标 | 政策要点 |
|---|---|---|---|
| 广州 | 《广州市人民政府办公厅关于印发广州市鼓励创业投资促进创新创业发展若干政策规定的通知》（穗府办规〔2018〕18号） | 建设具有国际影响力的风投创投中心 | （1）对进行投资的创业投资类管理企业给予奖励。<br>（2）对引进境外资金的创业投资类管理企业给予奖励。<br>（3）对进行产学研协同创新的创业投资类管理企业给予奖励。<br>（4）扩大广州市科技型中小企业信贷风险补偿资金池规模。<br>（5）对被投资项目（企业）给予补助 |
| 杭州 | 《浙江省人民政府关于促进创业投资持续健康发展的实施意见》（浙政发〔2017〕12号） | 成为国内领先的创业投资集聚地 | （1）大力发展多元创业投资主体。<br>（2）多措并举扩大创业投资资金规模。<br>（3）加强政府引导和政策支持。<br>（4）优化企业投资环境。<br>（5）落实保障措施 |

## 二、税收优惠政策

为了鼓励天使投资、风险投资和股权投资等权益性资本积极踊跃支持我国创业企业发展，国家自2005年至2017年先后出台了《财政部 国家税务总局关于促进创业投资企业发展有关税收政策的通知》（财税〔2007〕31号）、《财政部 国家税务总局关于合伙企业合伙人所得税问题的通知》（财税〔2008〕159号）、《国家税务总局关于实施创业投资企业所得税优惠问题的通知》（国税发〔2009〕87号）、《财政部 国家税务总局关于将国家自主创新示范区有关税收试点政策推广到全国范围实施的通知》（财税〔2015〕116号）、《国家税务总局关于有限合伙制创业投资企业法人合伙人企业所得税有关问题的公告》（国家税务总局公告2015年第81号），以及2017年开始试点的《关于创业投资企业和天使投资个人有关税收试点政策的通知》（财税〔2017〕38号）等政策文件。

地方层面，北京、上海、深圳、杭州、广州早期出台的股权投资政策中均明确了税收优惠政策如何依据财税〔2007〕31号、财税〔2008〕159号等国家政策执行，主要涉及企业所得税、个人所得税、营业税三个范畴，涉及主体略有不同。其中，北京和杭州均有出台地方独有的政策条款；广州是5个城市中唯一对股权投资相关政策做出二次修订的城市。财税〔2015〕116号及财税〔2017〕38号政策出台后，各地均未在创业投资政策中把税收优惠政策单独列出。

5个城市的股权投资税收优惠政策要点对比见表3-6，详细政策内容梳理见附表2。

表3-6　5个城市的股权投资税收优惠政策要点对比

| 城市 | "先分后税"纳税主体 | 股息、红利等投资性收益不征收企业所得税 | 个人所得税征收税率确定 | 部分投资行为免征营业税 | 投资中小高新技术企业的应纳税所得额抵扣 |
|---|---|---|---|---|---|
| 北京 | 合伙制股权投资基金和合伙制股权投资基金管理企业 | 合伙制股权基金企业 | 合伙制股权基金中个人合伙人 | 合伙制股权基金的普通合伙人 | — |
| 上海 | 以有限合伙形式设立的股权投资企业和股权投资管理企业 | — | 执行有限合伙企业合伙事务的自然人普通合伙人，不执行有限合伙企业合伙事务的自然人有限合伙人 | — | — |

续表

| 城市 | “先分后税”纳税主体 | 股息、红利等投资性收益不征收企业所得税 | 个人所得税征收税率确定 | 部分投资行为免征营业税 | 投资中小高新技术企业的应纳税所得额抵扣 |
|---|---|---|---|---|---|
| 深圳 | 合伙制股权投资基金和合伙制股权投资基金管理企业 | — | 执行有限合伙企业合伙事务的自然人普通合伙人，不执行有限合伙企业合伙事务的自然人有限合伙人 | 合伙制股权基金的普通合伙人 | 股权投资基金、股权投资基金管理企业 |
| 杭州 | 以有限合伙形式设立的股权投资企业、股权投资管理企业 | 符合居民企业条件的股权投资管理企业 | 执行有限合伙企业合伙事务的自然人普通合伙人以及不执行有限合伙企业合伙事务的自然人有限合伙人 | 合伙制股权基金的普通合伙人 | 股权投资企业 |
| 广州 | 合伙制股权投资企业和合伙制股权投资管理企业 | 合伙制股权投资企业从所投资企业 | — | — | 非合伙制股权投资企业、股权投资管理企业 |

其中：

北京独有政策：（1）对在北京市注册登记、累计实收资本在5亿元以上的产业投资基金的管理企业，自其获利年度起，由所在区县政府前两年按其所缴企业所得税区县实得部分全额奖励，后三年减半奖励；（2）市政府给予股权基金或管理企业有关人员的奖励，依法免征个人所得税。

杭州独有政策：（1）股权投资管理企业因收回、转让或清算处置其所投资股权而发生的权益性投资损失，可以按税法规定在税前扣除；（2）股权投资管理企业缴纳房产税、城镇土地使用税、水利建设专项资金确有困难的，报经地税部门批准后，可酌情给予减免；（3）新引进的省外股权投资管理企业，其受托管理资金超过10亿元（含）且资金所属股权投资企业纳税地在杭州的，自设立起3年内，报经地税部门批准后，可免征房产税、水利建设专项资金。

## 三、落户奖励政策

5个城市中，北京和上海在2009—2018年出台的股权投资及创业投资相关政策中，并没有明确对机构落户的奖励，仅有上海临港新片区2019年出台的《中国（上海）自由贸易试验区临港新片区支持金融业创新发展的若干措施》提出对以公司制形式设立的股权投资企业，落户奖励最高不超过2000万元。

《深圳市扶持金融业发展若干措施》对在深圳新注册设立的创业投资机构总部，按照其实收资本从2亿元以下到10亿元，给予500万元～2000万元一次性落户奖励；对实收资本超过10亿元的，超过部分每增加1亿元增加100万元的奖励，单个企业一次性落户奖励累计金额不超过5000万元。此外，在深圳注册设立的创业投资机构总部，已获得一次性落户奖励的，其增资后累计实收资本达到高一级实收资本规模的，补足奖励差额部分。值得一提的是，深圳对符合条件的新注册设立的股权投资企业、股权投资管理企业，按其企业形成地方财力之日起计算，前2年按照企业形成地方财力的100%给予奖励，后3年按照企业形成地方财力的50%给予奖励。

杭州2015年11月出台的《杭州市人民政府关于加快我市私募金融服务业发展的实施意见》，对规模达到2亿元的私募股权基金，可按不超过基金规模1%的比例给予奖励；达到5亿元的，可按不超过1.5%的比例给予奖励；达到10亿元的，可按不超过2%的比例给予奖励。私募股权基金管理机构所管理的基金投资杭州企业的资金规模达到5000万元且投资期限已满1年的，可按不超过其投资杭州企业资金规模1%的比例给予奖励；达到1亿元的，可按不超过1.5%的比例给予奖励；达到2亿元的，可按不超过2%的比例给予奖励。

广州2015年2月出台的《关于促进广州股权投资市场规范发展的暂行办法（修订）》，对以公司制形式及合伙制形式设立的股权投资企业，根据其实收资本或当年实际管理资金的规模，给予500万元～1500万元的一次性落户奖励；对于该办法实施前已设立的股权投资企业，进行增资扩股时的新增实收资本或新增管理资金规模达到上述规定的，参照新设企业给予奖励。另外，规模达百亿级的风投引导基金由广州黄埔区、广州开发区设立，在其出台的《广州市黄埔区　广州市开发区促进风险投资发展办法》中，对风投机构最高开出2000万元落户奖励；作为广州副中心的南沙新区，其股权投资机构的落户奖励亦高达1500万元。

投资机构落户奖励政策因为对企业进行一次性奖励且数额较大，对机构有一定的吸引力。多家创投机构负责人表示，重金落户奖励对于机构是好事，但不会为了拿奖励而搬迁总部，而且已经落户的奖项申请落实缓慢，需要有审批认证的流程，奖励的主要还是大机构，很多小机构难以达标。对于靠钱生钱的私募机构而言，奖励显然不是最为重要的落户因素，更多要看是否有投资相关的产业配套基础、税收优惠等。

国内主要城市创投机构落户奖励政策梳理见附表3。

## 四、租购房补贴政策

关于创投机构的房屋补贴，北京、上海、深圳、广州、杭州五市的扶持力度并不明显，只有深圳有明确条款，反而济南、西安等城市力度较大。

《深圳市人民政府关于印发扶持金融业发展若干措施的通知》规定，经认定符合条件的股权投资企业、股权投资管理企业因业务发展需要新购置自用办公用房的，可按购房价格的1.5%给予一次性补贴，但最高补贴金额不超过500万元；获得补贴的办公用房10年内不得对外租售；新租赁自用办公用房，注册后3年内每年按房屋租金市场指导价的30%给予补贴（入驻经市政府认定的产业基地或金融重点楼宇的按40%给予补贴），补贴总额不超过500万元。

广州目前市级层面没有专门针对创业投资机构的租购房补贴政策，区级层面有黄埔、南沙和海珠出台了对创业投资机构的租购房补贴政策。

国内主要城市创投机构租购房补贴政策梳理见附表4。

## 五、投资奖励及补助政策

5个城市中，北京和广州出台了针对创业投资的投资奖励政策；深圳和杭州的股权投资奖励政策出台时间较久、门槛较高，分别按退出后形成的地方经济贡献和累计投资额予以扶持；上海出台的《关于促进上海创业投资持续健康高质量发展的若干意见》，提出了加强创业投资与科创板等市场板块的联动、加强创业投资与各类金融机构的联动、加快推动天使投资发展、丰富创业投资企业的募资渠道、有序推动创业投资引进来和走出去、建立创业投资与政府的专项对接机制等多条意见，但尚未有具体落地的扶持政策。

5个城市的创业投资一次性奖励政策要点对比见表3-7。另外，广州除对单次投资行为有投资奖励外，还对受托管理的创业投资企业按实收资本或管理资金给予管理能力奖励，对投资广州孵化期、初创期科技企业3年以上的创业投资公司、有限合伙创业投资企业给予一次性投资补助等政策。国内主要城市创业投资一次性奖励及补助政策梳理见附表5。

表3-7　5个城市的创业投资一次性奖励政策要点对比

| 城市 | 奖励主体 | 奖励投资对象行为 | 奖励金额/比例 | 最高奖励金额 |
|---|---|---|---|---|
| 北京 | 投资机构 | 在中关村示范区开展天使投资 | 按照实际投资额的15% | 单笔≤50万元，每年每家≤150万元 |
|  | 投资机构 | 在中关村示范区开展创业投资 | 按照实际投资额的10% | 单笔≤100万元，每年每家≤200万元 |
| 上海 | — | — | — | — |
| 深圳 | 股权投资基金 | 投资于深圳市的企业或项目 | 按其退出后形成地方财力的30% | 单笔奖励≤300万元 |

续表

| 城市 | 奖励主体 | 奖励投资对象行为 | 奖励金额/比例 | 最高奖励金额 |
| --- | --- | --- | --- | --- |
| 杭州 | 股权投资企业 | 自成立起2年内对在杭企业直接股权投资额达到其注册资本（出资金额）30%（含）以上 | 注册资本（出资金额）2亿元（含）以上 | 50万～500万元 |
| | 股权投资管理企业 | 自设立起2年内其受托管理外地股权投资资金对在杭企业投资达到一定额度 | 投资额达到8000万元（含）以上 | 25万～100万元 |
| 广州 | 创业投资类管理企业 | 投资取得科技型中小企业入库登记编号的在穗注册企业 | 按照实际到账投资额的1% | 每年每家≤500万元 |
| | 创业投资类管理企业 | 投资在穗注册科技型中小企业 | 按照实际到账投资额的15% | 单笔≤45万元，每年每家≤100万元 |
| | 创业投资类管理企业联合境外资金 | 投资在穗注册的种子期、初创期科技创新企业 | 境外资金部分折算成人民币额度的1.5% | 每年每家≤750万元 |
| | 在穗创业投资类管理企业与境外资本共同设立或管理境外创业投资基金 | 投资海外高科技项目并成功引进且在穗新注册成立科技型中小企业 | 境外资金部分折算成人民币额度的20% | 每年每家≤500万元 |

## 六、人才引进政策

部分城市在争夺股权投资机构的浪潮中，选择了“以人为本”的路线，用人才引进的奖励政策，吸引创投机构到当地注册和投资。

奖励力度最大的是北京。2018年2月，北京市人力资源和社会保障局印发《北京市引进人才管理办法（试行）》，其中给予创业团队和投资人重大优惠：3年累计获得7000万元融资的创新创业团队可申请落户；而优秀的天使和创投基金高管可直接落户，堪称北京近10年最宽松的落户政策。

上海市人力资源和社会保障局等于2015年发布了《关于服务具有全球影响力的科技创新中心建设实施更加开放的国内人才引进政策的实施办法》。其中，对于满足条件的创业人才，在企业连续工作满2年的，可以直接申办上海市常住户口；创业投资机构的合伙人或副总裁及以上的高级管理人才，已经完成在上海市投资累计达到3000万元的，可以直接申办上海市常住户口。

广州市金融局于2018年10月印发《广州高层次金融人才支持项目实施办法（修订）》，根据文件，“金融高级专业人才”包括股权投资人才，奖励办法如下：对现有的金融高级专业人才给予获评当年补贴10万元；对当年新引进的金融高级专业人才给予安家补贴20万元（分三年按40%、30%、30%比例发放），而对于金融领军人才安家补贴最高可达100万元。尽管广州的奖励金额相比北京和上海不算大，但是释放出了十分积极的信号。政策的出台，加上广州市、区两级对风投创投机构的优惠待遇，及购房购车、子女入学等方面的优惠待遇，对创投机构到广州落户也有一定的吸引力。

国内主要城市创业投资人才引进政策梳理见附表6。

## 七、政府引导基金政策

设立政府引导基金有利于充分发挥财政资金杠杆放大效应，增加创业投资资本供给，减少通过市场配置创业投资资本带来的市场失灵问题。广州市政府引导基金种类较多，包括“新兴产业”“工业转型升级”“科技成果转化”“国企创新”“创业投资”“中小企业发展”等不同领域投向的引导基金，规模主要分布在1亿～100亿元。广州创业投资类政府引导基金清单见表3-8，可见，创业投资类的政府引导基金数量不多，虽然设立时间早，但规模普遍偏小。

表3-8 广州创业投资类政府引导基金管理办法及规模一览表

| 序号 | 基金名称 | 管理办法 | 规模/亿元 |
|---|---|---|---|
| 1 | 广州市创业投资引导基金 | 《广州市创业投资引导基金实施细则》 | 2 |
| 2 | 番禺区战略性新兴产业创业投资引导基金 | 《番禺区战略性新兴产业创业投资引导基金管理暂行办法（修订）》 | 10 |
| 3 | 天河区战略性新兴产业创业投资引导基金 | 《天河区战略性新兴产业创业投资引导基金管理办法》 | — |
| 4 | 南沙创业投资引导基金 | 《广州南沙创业投资引导基金管理实施细则》 | 5 |

5个城市中，只有深圳没有设立单独的创业投资引导基金母基金，而是统一以深圳市政府投资引导基金设立创新创业类子基金的形式开展，这也是深圳市政府投资引导基金在国内政府引导基金中规模最大、投资企业数量最多，2020—2022年连续三年获评清科“中国政府引导基金50强榜单”

第一名的主要原因。

从政策层面看，5个城市的创投政策当中，均明确提出要充分发挥政府引导基金的作用。《深圳市促进创业投资行业发展的若干措施》指出，要建立早、中期创投和重大产业项目让利机制，让深圳市政府政策性引导基金参股或合伙的子基金，在投资深圳市战略性新兴产业、未来产业以及符合深圳产业发展战略、具有重大产业支撑作用的项目获利退出时，在引导基金投资收益部分中给予适当甚至全部投资让利。新措施所规定的让渡力度比以往更大，而且第一次在子基金投资于本辖区注册登记企业的资金占引导基金出资额的倍数方面实行更加灵活的规定，此举对于全国政府引导基金的实践有借鉴意义。

下文在5个城市的创业投资引导基金中各选取1只代表基金做对比分析（其中深圳市政府投资引导基金选取创新创业类子基金的相关要求），5个城市创业投资引导基金概况及政策要点对比见表3–9，北京、上海、深圳、杭州、广州代表性创业投资引导基金政策梳理见附表7。

首先从引导基金的管理办法来看，5只引导基金成立时间大部分较早，北京、上海、深圳、杭州4市均在近年对基金管理办法进行了修订或每年更新子基金申请指南，并由市政府或者市财政局发文，而广州则是于2010年由市科信局发布管理办法至2023年一直没有重新修订，可以看出广州对该只政府引导基金并没有足够重视。

从管理模式看，5只代表基金目前均为委托管理（北京市中小企业创业投资引导基金、深圳市政府投资引导基金设立之初为自我管理），其中，北京盛世宏明投资基金管理有限公司为民营投资机构，深圳市创新投资集团有限公司由政府出资引导社会资本出资设立，其他三家受托管理机构均为政府独资公司。

从运作方式来看，5只创投基金均以参股投资为主，参股比例上限为20%～30%，北京、深圳和上海的参股比例较高，杭州和广州的较低；从投资阶段和地域的限制来看，北京、深圳和上海对子基金投资初创期企业有明确比例限制，杭州和广州对投资本地的限制则更严格。

从退出机制来看，各市创投引导基金基本都以股权转让和清算等方式为主。除了深圳市政府投资引导基金，各母基金均对股权转让方式有明确规定。

表3-9 5个城市创业投资引导基金概况及政策要点对比

| 城市 | 北京 | 上海 | 深圳 | 杭州 | 广州 |
|---|---|---|---|---|---|
| 代表基金 | 北京市中小企业创业投资引导基金 | 上海市创业投资引导基金 | 深圳市政府投资引导基金 | 杭州市创业投资引导基金 | 广州市创业投资引导基金 |
| 设立时间 | 2008年（2015年纳入中小企业发展基金管理） | 2010年 | 2015年 | 2008年 | 2010年 |
| 资金规模 | 首期3亿元，目标规模22.2亿元 | 首期10亿元，目标规模55亿元 | 首期50亿元，目标规模1000亿元 | 首期2亿元，目标规模30亿元 | 首期2亿元，目标规模30亿元 |
| 受托管理机构 | 北京盛世宏明投资基金管理有限公司（2017年前为北京市中小企业服务中心） | 上海科技创业投资(集团)有限公司(原上海创业投资有限公司) | 深圳市创新投资集团有限公司（原为深圳市创业投资引导基金管理委员会办公室） | 杭州高科技创业投资管理有限公司 | 广州科技金融创新投资控股有限公司（原广州市科技风险投资公司） |
| 运作方式 | 参股投资，跟进投资 | 参股投资、跟进投资、融资担保或其他方式 | 参股投资 | 50%阶段参股、50%跟进投资 | 参股投资 |

续表

| 城市 | 北京 | 上海 | 深圳 | 杭州 | 广州 |
|---|---|---|---|---|---|
| 引导基金参股比例 | 不超过30% | 不超过25% | 不超过30% | 不超过20% | 不超过20% |
| 投资阶段 | 投资天使期、初创期创业企业的投资额比例不得低于全部投资额的50%；对单个企业的投资不得超过参股创投企业资本总额的20% | 主要投资早期和早中期企业 | 创新创业类子基金投资初创期、早中期创新型企业的资金额不低于子基金可投资金总额的60% | 投资初创期企业的资金不低于引导基金实际出资额的1.5倍 | 投资对象应以初创期和成长期企业为主 |
| 投资地域 | 投资北京地区不得低于全部投资额的50% | 优先投资上海市范围内的企业，企业总体投资金额在全国省级行政区域中上海区域应占比最高 | 各类子基金投资深圳市注册登记企业的资金应不低于市引导基金出资额的1.5倍 | 投资杭州市范围内企业的资金不低于引导基金实际出资额的2倍 | 投资广州市内注册设立的创业企业的额度不低于引导基金出资额的2倍 |
| 退出机制 | 股权转让、减资、清算、参股创投企业收购等方式；股权优先转让给其他股东，3年内的按原始投资额，3年以上的按原始投资额与同期贷款基准利率计算的收益之和 | 上市退出、股权转让、股东回购及破产清算等方式；由创业投资企业管理团队及其指定方受让股权，4年内的按原始投资额，4年以上的聘请专业机构对所持股权进行评估 | 未明确规定 | 清算、减资、退伙、股权转让等方式；4年内的不低于引导基金原始投资额；4~7年的不低于引导基金原始投资额与按照转让时1年期同期贷款基准利率计算的收益之和 | 公开转让股权或到期后清算等方式；3年内的按原始投资额；3~5年的按原始投资额与同期贷款基准利率计算的收益之和；5年以上的按公开交易价格 |

# 第三节　广州与先进城市的创业投资市场行为对比

## 一、创业投资机构数量

北京、上海、广州、深圳和杭州是全国创业投资最为活跃的5个城市。北京、上海和深圳三市创业投资机构数量变动趋势相似：2014—2015年呈上升态势，2016年大幅减少，之后数量缓慢下降；广州与杭州每年新注册的创投机构数量变化幅度不大，2018年也出现较明显回落。从整体数量来看，广州于2018—2022年新注册成立的创投机构数量比其他4个城市少很多（见表3-10）。

表3-10　2018—2022年5个城市创业投资机构设立情况（按成立时间）①

单位：家

| 城市 | 2018年 | 2019年 | 2020年 | 2021年 | 2022年 | 合计 |
|---|---|---|---|---|---|---|
| 上海 | 154 | 136 | 185 | 231 | 70 | 776 |
| 深圳 | 121 | 106 | 167 | 159 | 75 | 628 |
| 北京 | 167 | 120 | 105 | 144 | 43 | 579 |

① 数据来源：清科研究中心私募通数据库。

续表

| 城市 | 2018年 | 2019年 | 2020年 | 2021年 | 2022年 | 合计 |
|---|---|---|---|---|---|---|
| 杭州 | 95 | 47 | 70 | 87 | 45 | 344 |
| 广州 | 70 | 38 | 57 | 44 | 23 | 232 |

根据清科研究中心发布的2022年中国创业投资机构50强，上海、北京、深圳、杭州分别有14家、13家、8家、2家机构上榜，广州只有1家上榜（见图3-1）。可见，广州的创业投资机构整体实力较弱。

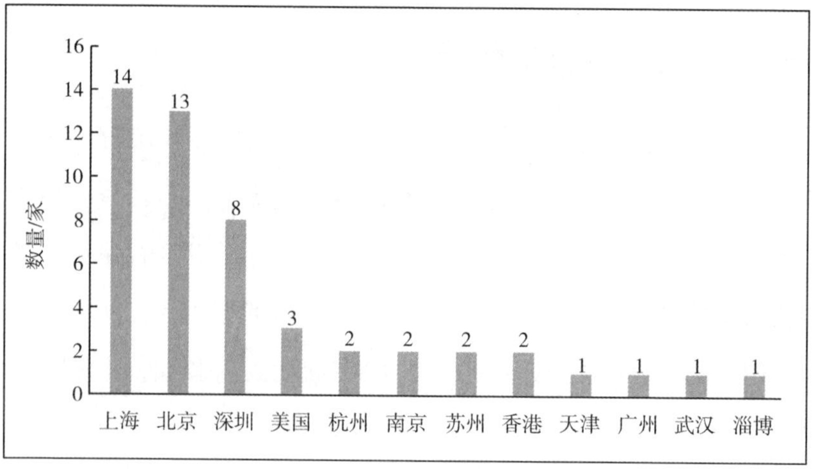


图3-1　2022年中国创业投资机构50强注册地分布[①]

## 二、创业投资案例数量和金额

比较5个城市的创业投资案例数量，北京属于投资热点地区，其案例数量在5个城市中处于领先地位，2022年创业投资案例达1287个，上海、

① 数据来源：清科研究中心私募通数据库。

深圳、杭州、广州的投资案例分别为1208个、1073个、604个、322个。广州在5个城市中，创业投资案例数量最低，与其他4个城市差距较大（见表3-11和图3-2）。

表3-11　2018—2022年5个城市创业投资案例数量（按企业融资）[①]

单位：个

| 城市 | 2018年 | 2019年 | 2020年 | 2021年 | 2022年 | 合计 |
|---|---|---|---|---|---|---|
| 北京 | 1536 | 1873 | 1535 | 2075 | 1287 | 8306 |
| 上海 | 986 | 1416 | 1225 | 2020 | 1208 | 6855 |
| 深圳 | 561 | 949 | 948 | 1463 | 1073 | 4994 |
| 杭州 | 399 | 642 | 581 | 926 | 604 | 3152 |
| 广州 | 262 | 379 | 320 | 456 | 322 | 1739 |

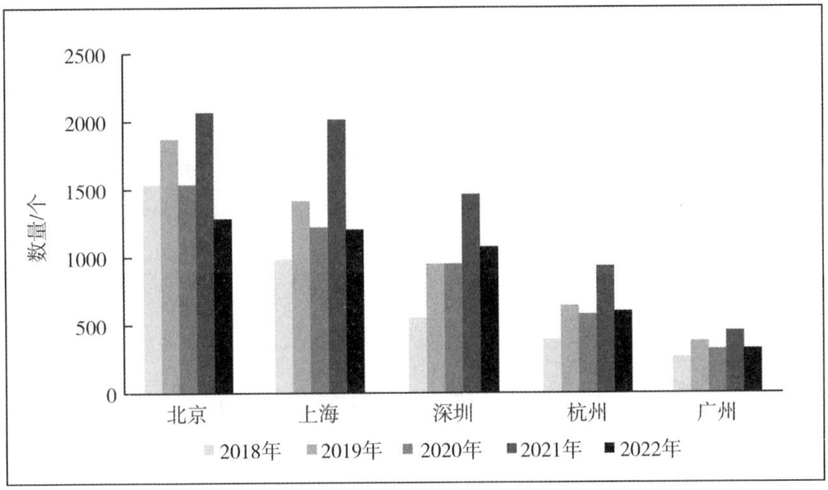


图3-2　2018—2022年5个城市创业投资案例数量（按企业融资）[②]

① 数据来源：清科研究中心私募通数据库。
② 同上。

投资金额方面，5个城市的投资强度均呈上升趋势，北京同样遥遥领先，2018—2022年创业投资金额累计达到16327.74亿元。广州在5个城市中排名第四，2018—2022年创业投资金额累计达到3411.68亿元（见表3-12和图3-3）。

表3-12　2018—2022年5个城市创业投资金额（按企业融资）①

单位：亿元

| 地区 | 2018年 | 2019年 | 2020年 | 2021年 | 2022年 | 合计 |
|---|---|---|---|---|---|---|
| 北京 | 2248.96 | 3805.78 | 3916.91 | 4545.92 | 1810.17 | 16327.74 |
| 上海 | 1529.32 | 1715.11 | 2603.41 | 3268.53 | 2009.80 | 11126.17 |
| 深圳 | 520.05 | 708.14 | 1542.84 | 2045.34 | 1058.30 | 5874.67 |
| 杭州 | 266.17 | 494.05 | 702.35 | 1077.25 | 451.55 | 2991.37 |
| 广州 | 411.50 | 693.66 | 840.06 | 808.69 | 657.77 | 3411.68 |

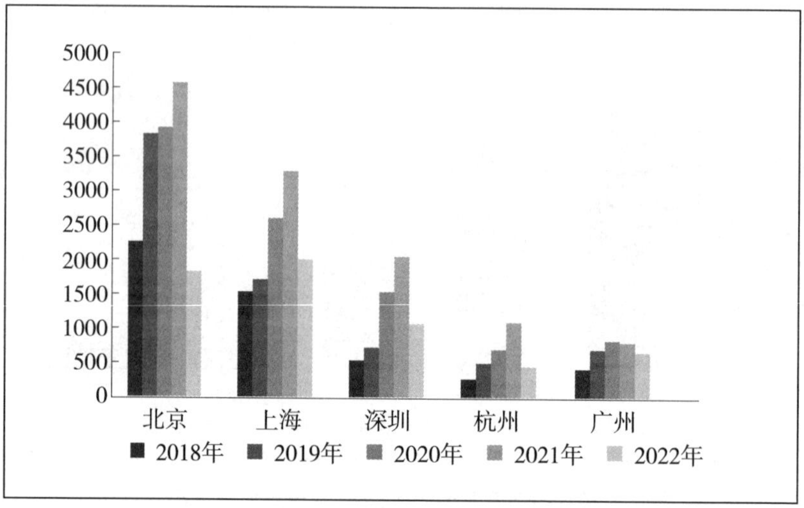


图3-3　2018—2022年5个城市创业投资金额（按企业融资）②

① 数据来源：清科研究中心私募通数据库。
② 同上。

## 三、政府引导基金参与程度

从当年完成募集基金的政府引导基金数量来看，2018—2022年，5个城市均存在较大波动，变化趋势也不一样。北京、上海、深圳、杭州、广州在2018—2022年累计完成募集基金的政府引导基金数量分别为61只、44只、37只、33只、23只，北京遥遥领先，广州则排第5位，仅在2020年超过杭州（见表3-13和图3-4）。

表3-13　2018—2022年5个城市完成募集基金的政府引导基金数量[①]

单位：只

| 城市 | 2018年 | 2019年 | 2020年 | 2021年 | 2022年 | 合计 |
|---|---|---|---|---|---|---|
| 北京 | 12 | 3 | 13 | 17 | 16 | 61 |
| 上海 | 10 | 2 | 13 | 15 | 4 | 44 |
| 深圳 | 8 | 2 | 8 | 11 | 8 | 37 |
| 杭州 | 5 | 6 | 3 | 10 | 9 | 33 |
| 广州 | 4 | 3 | 7 | 7 | 2 | 23 |

① 数据来源：清科研究中心私募通数据库。

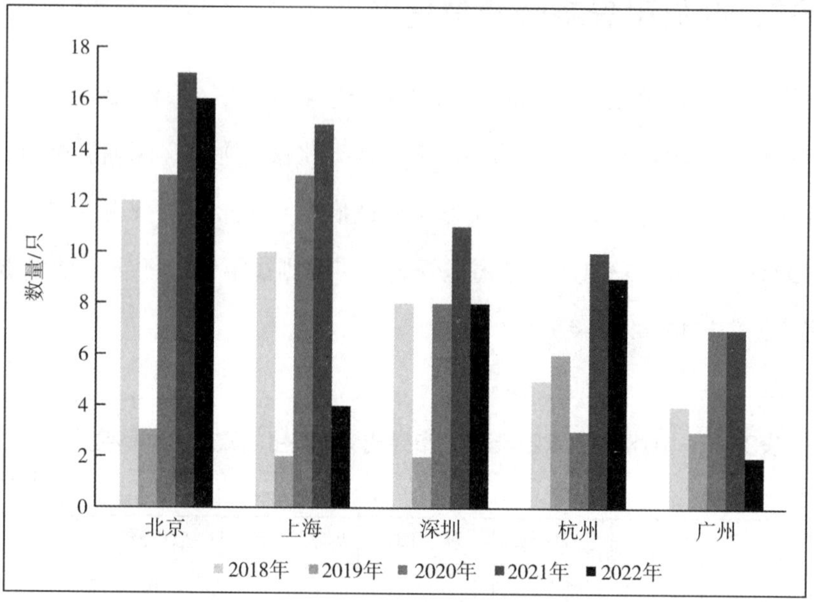


图3-4　2018—2022年5个城市完成募集基金的政府引导基金数量[①]

① 数据来源：清科研究中心私募通数据库。

# 第四章　广州创业投资政策环境的问题分析

## 第一节　创投机构集聚度不高，创投配套政策覆盖面较小

2013—2022年，广州创投机构数量增幅不大，甚至在2018年出现较大幅度下降。2018—2022年，广州新注册成立的创投机构数量与北京、上海和深圳的差距较大，累计创业投资金额在5个城市中位列第四。一方面，对标上海和深圳，广州没有证券交易所，较难吸引投资机构总部进驻，客观上导致创业投资机构集聚度不高；另一方面，广州并没有出台针对创业投资的落户奖励、租购房补贴、人才引进等政策，“创投九条”重点以投资奖励为主，相比北京、上海和深圳，广州的创投配套政策较单一，普惠面较小，容易导致本地投资机构流失，出现投资机构在广州从事风投创投业务但在深圳注册的情况。

## 第二节　创业投资引导基金参与度较低，杠杆效应不足

政府引导基金是政府活用资本参与创业投资市场的重要途径，其规模是创业投资市场繁荣乃至创新创业事业顺利开展的重要体现。

对比分析北京、上海、深圳、杭州、广州5个城市的代表性创业投资引导基金，可以看出，除了深圳市政府投资引导基金的规模远高于其他4只基金，其余4个城市的代表性基金在资金规模、管理模式、运行方式、退出机制上区别不大，但广州创业投资引导基金是5个城市的代表性创业投资引导基金中，唯一没有上榜近5年清科“中国政府引导基金20强”的，这说明了其杠杆效应低于其他4只基金。2018—2022年，广州的政府引导基金数量与北京、上海、深圳、杭州等市也存在不同程度的差距，一定程度上反映了政府支撑力度有待加强。

## 第三节　投资案例数量及金额较小，奖励政策效果尚未显现

根据创业投资案例数量、投资金额、投资领域等数据分析，广州创业投资案例数量和投资金额虽然整体呈增长态势，但与北京、上海、深圳、杭州比较，在创业投资案例数量及投资金额上仍存在不同程度的差距。对于2022年经济总量在全国排名第五的广州，创业投资金额连续几年处于低位，可见广州的创业投资市场有待进一步挖掘。《广州市鼓励创业投资促进创新创业发展若干政策规定》设置了不同类别的一次性投资奖励，并对获得创业投资的项目（企业）给予后补助支持，但该政策于2018年8月才施行，其对广州创投市场的影响力尚未显现。

## 第四节　尚未形成适合本土文化的人才激励政策体系

人才是第一资源，也是创新活动中最为活跃、最为积极的因素。在创业投资行业发展中，投资人才的作用主要表现在资金募集、项目寻找和甄别、风投资本运营三个方面。创业投资是金融与产业结合得最紧密的行业，合格的投资经理还要具备不断学习、独立思考判断的能力。对比国内部分城市，广州对创投人才的奖励金额不大，配套的激励政策体系也不够完善。由于广州靠近港澳，自古以来便是我国南方的商贸大港，传统型与贸易型企业成为当地产业主流，长期以来也是政府政策关注与扶持的重心，这导致广州文化中的贸易观念根深蒂固。从2012—2022年广州创投累计投资规模及单年投资金额最大的行业均为房地产行业可以看出，本地投资机构更愿意将资金撒在看得见产出的项目上。制定一些适合广州本土文化的人才激励措施，引导和激励创投机构，才能更好地发挥人才潜力和政策效果。

# 第五章　完善广州创业投资政策环境的对策建议

# 第一节　优化创业投资政策体系，发挥财政资金杠杆作用

广州创业投资政策的整体扶持力度不低，但创投市场不活跃，投资机构数量、投资项目数量及金额均远低于北京、上海和深圳，与杭州持平。政府应充分发挥财政资金的引导和杠杆作用，带动各方资金特别是商业资金用于创业投资，完善竞争机制，让市场决定创新资源配置，支持战略性新兴产业和高技术产业处于成长期的创新型中小企业发展，这对激励创新创业、扩大社会就业、促进创新型经济加快成长具有重要意义。广州现有的创业投资政策，在落户奖励、投资奖励和一次性补助上力度不低，但在政府引导基金政策支撑力度上与北京、上海和深圳仍有较大差距。建议进一步完善创业投资政策体系，扩大政策覆盖面，强化政府引导基金、租购房补贴、人才引进等方面的政策措施，鼓励和扶持广州创业投资行业发展，优化创业投资环境。

## 第二节　加强创投基金引导作用，增加投资配套服务

引导基金虽然是基于非市场化的目的设立的，但要用市场化原则运作，才能保证引导不偏离市场需求，政府最终是要充分放权给市场。建议通过严苛的管理人筛选程序，择优选取投研管理能力强的管理人，放权给专业的市场化管理团队运作引导基金，提高管理效率和专业能力，简化冗余的手续流程。同时，构建政府引导基金绩效评价体系，建立健全信息监测和信息披露制度，采取信息化管理模式，动态跟踪子基金投资运作情况，强化子基金信息披露，实现全要素、全过程、全流程化管理。

任何政府财政承受力都有上限，单纯靠资金支持不足以引进优质企业、打造产业生态。应充分挖掘整合政府、合作机构等各方资源，积极搭建项目库、机构库、专家库，为被投企业在人力资源、运营管理、战略规划、技术研发、市场营销、资本运作、产业资源网络等方面提供有力支持。比如提供长期企业战略咨询、产业资源嫁接、资本接洽等增值服务；利用市场化专业投资机构的资源放大能力，链接政策资源、空间资源、产业资源、资本资源等。

# 第三节　加强对民营资本的专业引导

发达国家创业投资主要来自民间资本，比如美国大部分风险基金来自家庭和个人。广州大部分创业投资企业是由政府或者国有企业投入的，民间资金大量进入创业投资企业的时间则比较晚。与政府、国有企业投资的创业投资企业相比，大多数民间资本投资的创业投资企业规模小、实力有限、专业度偏低，难以与被投资企业国际化战略所需的资源匹配。加强对民营资本的专业引导，可以从以下方面着手：一是适时组织相应的知识培训，及时总结和传递已经在发达国家得到实践检验的经验，鼓励合作共赢，形成良好的网络合作氛围；二是采取切实措施，积极探索发展私募市场，吸收民间资本流向创投业，使民间资本成为广州创投业的主要来源；三是以公募的办法设立创投基金，基金持有人同股同权，同时对基金管理人的管理权限和责任加以明确界定。

## 第四节　建设创业投资公共服务平台，健全信用服务机制

搭建创业投资公共服务平台，充分利用国家企业信用信息公示系统、区域性中小企业信息系统，将创业投资机构和创业企业的信息进行整合，实时动态更新，最大限度降低创业投资机构和创业企业之间的信息不对称程度，降低投资和股权交易成本。

《国务院关于促进创业投资持续健康发展的若干意见》中明确指出，优化信用环境，推动创业投资领域信用信息纳入全国信用信息共享平台，并与企业信用信息公示系统实现互联互通。建议相关行政部门联合行业组织和社会征信机构，通过合法采集数据，独立客观地记录信用信息，为行业内的创业投资机构、创业企业以及创业者个人建立征信档案，并在创业投资公共服务平台上向创业投资机构开放，降低信息不对称程度，这将有利于民营创业投资机构参与到网络合作中来，从而提升广州创业投资的整体力量。

## 第五节　加强创业投资专业人才的引进与培养

加强创业投资专业人才的引进与培养，有以下三个建议：一是加强对创业投资行业的研究，如开展对创业投资企业发债、控制债务风险等新措施，股权众筹、跨域跨国投资等问题的研究，提升对创业投资行业的管理服务能力；二是加快行业专业化人才队伍建设，在高等院校硕士及以上专业课中增加创业投资课程体系设计，建立创业投资业专业人才培训机构，加强行业技术培训，着力推动创业投资领域产学研合作，努力把广州打造为创业投资研究和人才高地；三是加强对创投人才引培的政策支持，尤其是对创业投资企业核心团队、高级管理人员的引进，着力解决落户、子女教育、社会保障、住房等问题，引进和培育一批既懂资本运作又懂技术的复合型人才。

# 第六节　突出金融服务优势，打造错位协同发展之路

金融是现代经济的核心，金融活则经济活，引入金融“活水”才能润泽区域经济。广州作为区域金融中心，其在金融领域的综合实力，将为区域经济协调发展，尤其是粤港澳大湾区城市群建设提供有力支撑。粤港澳大湾区城市群的发展思路有别于其他城市群，它不仅承载更多对外开放功能，更重要的意义是跨制度合作。广州应发挥国家中心城市引领作用，提升城市综合竞争力和辐射带动力，打造国际航运枢纽、国际航空枢纽、国际科技创新枢纽，利用粤港澳之间的地缘人缘以及经济发展互动频繁优势，在原有合作的基础上进一步拓展与深化，将广州和周边地区建成粤港澳全面合作宣传的窗口，大珠三角产业合作信息交流的窗口，粤港澳参与全球贸易的窗口，粤港澳人才流动与技术引进的窗口，粤港澳物流对接整合的窗口。

# 附　录

附表1　全国各省、自治区、直辖市政府关于创业投资的指导政策

| 序号 | 省、区、市 | 政策文件 | 政策目标 |
| --- | --- | --- | --- |
| 1 | 上海 | 《上海市人民政府印发关于加快上海创业投资发展若干意见的通知》（沪府发〔2014〕43号） | 将上海打造为具有国际竞争力和影响力的创业投资中心，争取到2017年，基本实现“五个一”，即吸引培育一支国内外知名的创业投资管理队伍（1000人）；集聚打造一批业界有影响力的品牌创业投资企业（100家）；引导带动一批创业投资资本（新增1000亿元）；投资培育一批新兴产业细分行业的领头羊企业（1000家）；打造一个享誉海内外的创业投资集聚高地 |
| | | 《上海市人民政府关于促进上海创业投资持续健康高质量发展的若干意见》（沪府规〔2019〕29号） | 充分发挥财政资金的引导带动作用，以及市场在配置创新资源中的决定作用，有序引导有条件的社会资本进入创业投资领域，持续加大对集成电路、生物医药、人工智能等高新领域的投资力度，不断提升国资创业投资发展活力，打造与上海建设国际金融中心、具有全球影响力的科技创新中心定位相适应的科创投资品牌，不断优化行业发展政策体系，营造行业发展良好环境，形成一套综合化、系统化、专业化的投资服务生态体系，促进创新链和资金链有机结合，推动国际金融中心和科技创新中心联动发展，逐步形成具有世界竞争力的创业投资集聚发展新高地 |

续表

| 序号 | 省、区、市 | 政策文件 | 政策目标 |
|---|---|---|---|
| 1 | 上海 | 《上海市创业投资引导基金管理办法》（沪府发〔2017〕81号） | 本办法旨在加快推进上海具有全球影响力的科技创新中心建设，充分发挥创业投资机制促进创新创业活动的积极作用，进一步规范上海市创业投资引导基金（简称“引导基金”）的设立和运作。本办法适用于引导基金，以及按照《创业投资企业管理暂行办法》规定在创业投资备案管理部门备案，并申请引导基金扶持的各类创业投资企业、天使投资企业及创业投资母基金 |
| | | 《上海市人民政府关于延长〈上海市创业投资引导基金管理办法〉有效期的通知》（沪府〔2022〕58号） | 经评估，2017年10月26日市政府批转市发展改革委、市财政局制订的《上海市创业投资引导基金管理办法》（沪府发〔2017〕81号）需继续实施，有效期延长至2027年11月30日 |
| 2 | 重庆 | 《重庆市人民政府办公厅关于加快重庆创业投资发展的意见》（渝府办发〔2015〕155号） | 发挥政府引导作用，加快构建参与主体丰富、资本属性多元、专业人才聚集，能满足创新型企业从种子期、初创期到成长期不同发展阶段融资需求的创业投资体系，到2020年，形成创业投资引导基金参股基金规模300亿元、全社会创业投资规模1000亿元以上，培育以创业投资业务为主的创业投资机构100家以上，将重庆打造成为国内具有较强竞争力和较大影响力的创业投资中心、长江上游的创业投资集聚高地 |
| 3 | 福建 | 《福建省人民政府转发国务院关于促进创业投资持续健康发展若干意见的通知》（闽政〔2016〕55号） | 一、加快集聚发展。各设区市、平潭综合实验区要结合《意见》和《福建省人民政府关于促进总部经济发展的意见》（闽政〔2011〕75号）及《福建省人民政府办公厅关于促进总部经济发展的补充意见》（闽政办〔2012〕110号）等文件精神，从开办补助、办公用房补助、经营贡献奖励、规费减免或返还、人才激励等方面细化落实扶持政策，并视实际情况建立项目投资奖励、创投风险补助等机制。结合各地产业发展特点，吸引境内外种子基金、天使投资、创业投资、风险投资、夹层基金、并购基金等各类股权投资基金和基金管理人进驻，有条件的地方可建设若干高标 |

续表

| 序号 | 省、区、市 | 政策文件 | 政策目标 |
|---|---|---|---|
| 3 | 福建 | 《福建省人民政府转发国务院关于促进创业投资持续健康发展若干意见的通知》（闽政〔2016〕55号） | 准的基金园区、基金小镇等。引进有实力的律师事务所、会计师事务所、资产评估等中介机构和具有共生性的配套机构，促进基金和园区互动发展。充分利用自贸试验区体制机制改革优势，通过吸引境外投资，引进国际先进经验、技术和管理模式，集聚股权投资基金业发展的国际元素。<br>二、提高运作水平。鼓励各类股权投资基金与各类金融机构加强合作，发展投贷联动、投保联动、投债联动等业务模式。对股权投资基金投资的项目，参照省重点建设项目给予协调服务保障。对各级政府推动设立的股权投资基金，省投资集团、省电子信息集团、省招标集团和兴业银行、兴业证券、华福证券等要配强团队、加快运作、增强实效。加大股权投资基金中政府出资的让利力度，政府出资收益可适当让利于社会出资。支持各类股权投资基金通过上市退出、协议转让、回购转让等方式实现投资退出。建立倡导鼓励创业、宽容失败的投资管理体制机制。<br>三、优化发展环境。工商行政管理部门要进一步深化简政放权、放管结合、优化服务改革，为股权投资基金工商注册登记提供便捷服务，按规定允许企业名称中使用“基金”“基金管理”“创业投资”“股权投资”等字样，支持股权投资基金实施“五证合一，一照一码”登记制度。加强部门合作，建立基金项目库，打通资本和项目之间的通道。建设基金服务平台，集聚各类股权投资基金资源要素，通过项目路演等方式，推动股权投资基金与投资主体、企业项目、行业协会及政府行业主管部门对接；推进股权投资基金所投资项目的股权转让和股权投资基金份额流转，拓宽股权投资基金投资退出渠道。<br>四、防范违规风险。各有关部门要坚持适度监管、差异监管和统一功能监管，建立失信黑名单制度并定期公开，督促股权投资基金按照有关规定进行备案登记，加强对股权投资基金行业的风险预警及处置工作，严厉打击利用股权投资基金名义进行非法集资活动等各类违法违规行为 |

续表

| 序号 | 省、区、市 | 政策文件 | 政策目标 |
|---|---|---|---|
| 4 | 辽宁 | 《辽宁省人民政府关于印发辽宁省促进创业投资持续健康发展若干政策措施的通知》（辽政发〔2016〕74号） | 为贯彻落实《国务院关于促进创业投资持续健康发展的若干意见》（国发〔2016〕53号）精神，汇集推动大众创业、万众创新的重要资本力量，促进科技创新成果转化，落实新发展理念、实施创新驱动发展战略、推进供给侧结构性改革、培育发展新动能和稳增长、扩就业，实现技术、资本、人才、管理等创新要素与创业企业有效结合的投融资方式，为全省经济社会发展注入新动力，打造新引擎 |
| 5 | 天津 | 《天津市人民政府办公厅关于促进创业投资持续健康发展的实施意见》（津政办发〔2017〕5号） | 到2020年，培育以创业投资业务为主、活跃度较高、有业界影响力的创业投资机构100家以上，创业投资基金规模300亿元以上，引导带动社会资本1000亿元以上。通过创业投资促进创业企业，特别是中小微企业、科技创新类企业成长壮大，加快形成参与主体丰富、资本属性多元、专业人才聚集，具有实体创投、专业创投、信用创投、责任创投特征的创业投资生态体系，将天津打造成为国内具有较强竞争力和较大影响力的创业投资集聚地 |
| 6 | 河北 | 《河北省人民政府关于促进创业投资持续健康发展的实施意见》(冀政发〔2017〕2号) | 打造京津冀创投高地，争取到2020年，形成政府创业资本为引导、社会创业资本为主体、境外创业资本为补充的创投资本多元化格局。全省创业投资机构达到200家左右，其中各县（市、区）、国家级开发区及有条件的省级开发园区至少有1家以上创业投资机构；培育国内知名投资机构或管理机构不少于5家；促进1000家中小创新型企业成长壮大 |

（续表）

| 序号 | 省、区、市 | 政策文件 | 政策目标 |
| --- | --- | --- | --- |
| 7 | 河南 | 《河南省人民政府办公厅关于促进创业投资持续健康发展的实施意见》(豫政办〔2017〕29号) | 通过加强政策引导、培育发展主体、服务募投管退、优化市场环境，创业投资活跃度明显提升，基本形成有效满足创业企业从种子期、初创期到成长期不同发展阶段融资需求的创业投资体系，创业投资企业管理团队品牌形象进一步树立。争取到2020年，吸引培育一支结构合理、行业知名的创业投资管理队伍（500人以上），集聚打造一批业界有影响力的品牌创业投资企业（30家以上），引导带动一批创业投资资本（新增500亿元以上），投资培育一批高成长创业企业（1500家以上），把我省建设成为中西部地区规模大、活力强、环境优的创业投资中心 |
| 8 | 吉林 | 《吉林省人民政府办公厅印发关于促进创业投资持续健康发展若干政策措施的通知》(吉政办发〔2017〕17号) | 为贯彻落实《国务院关于促进创业投资持续健康发展的若干意见》（国发〔2016〕53号）精神，进一步落实新发展理念、实施创新驱动发展战略、推进供给侧结构性改革和稳增长、扩就业、培育发展新动能，激发大众创业、万众创新活力，促进科技创新成果转化，调动社会资本参与创业投资积极性，有效引导创业投资助力实体经济，加快吉林老工业基地振兴，按照“服务实体、专业运作、信用为本、社会责任”基本原则，结合我省实际，进一步实施该政策措施。各地区、各部门要积极宣传、认真贯彻落实国家和全省关于促进创业投资发展的政策措施，加快形成有利于创业投资持续健康发展的良好氛围和“创业、创新+创投”的协同互动发展格局，进一步扩大创业投资规模，促进创业投资做优做强，推动全省创业投资行业快速发展 |

续表

| 序号 | 省、区、市 | 政策文件 | 政策目标 |
| --- | --- | --- | --- |
| 9 | 安徽 | 《安徽省人民政府关于促进创业投资持续健康发展的实施意见》（皖政〔2017〕28号） | 到2020年末，全省创业投资“募、投、管、退”各环节政策和服务体系进一步健全，创业投资行业规模持续壮大，骨干创业投资企业国内外影响力和竞争力不断增强，合芜蚌国家自主创新示范区、皖江城市带承接产业转移示范区形成若干创业投资集聚区，“创业、创新+创投”的协同互动发展格局基本形成 |
| 10 | 黑龙江 | 《黑龙江省人民政府关于促进创业投资持续健康发展的实施意见》（黑政规〔2017〕7号） | 认真贯彻落实习近平总书记系列重要讲话精神特别是对我省两次重要讲话精神，牢固树立和贯彻落实创新、协调、绿色、开放、共享的发展理念，着力推进供给侧结构性改革，深入实施创新驱动发展战略，大力推进大众创业万众创新，使市场在资源配置中起决定性作用，更好发挥政府作用，进一步深化简政放权、放管结合、优化服务改革，不断完善体制机制，健全政策措施，构建促进创业投资发展的良好环境。围绕创新实施“五大规划”，大力发展“十大重点产业”，加快建设“龙江丝路带”，全面提升我省核心竞争力，构建“创业、创新+创业投资”的协同互动发展格局，发展新经济，培育新动能，加快产业转型步伐，培育一批具有影响力和竞争力的创业投资企业，促进我省创业投资行业做大做强做优，成为“创业投资最活跃地区”之一 |
| 11 | 浙江 | 《浙江省人民政府关于促进创业投资持续健康发展的实施意见》（浙政发〔2017〕12号） | 到2018年底，全省创业投资行业在资本规模、企业品牌、队伍建设等方面有较大发展；资本规模达到1000亿元左右，在全国比重进一步提高；形成20家左右在全国具有品牌影响力的创业投资企业；创业投资管理队伍人数达到2000人以上。到2020年，创业投资企业进一步做大做强做优，形成一批具有国际竞争力和影响力的浙商创业投资品牌，浙江成为国内领先的创业投资集聚地 |

续表

| 序号 | 省、区、市 | 政策文件 | 政策目标 |
| --- | --- | --- | --- |
| 12 | 云南 | 《云南省人民政府关于促进创业投资持续健康发展的实施意见》（云政发〔2017〕23号） | 各地各部门要把促进创业投资持续健康发展作为深入实施创新驱动发展战略、推动大众创业万众创新、促进经济结构调整和产业转型升级的一项重要举措，按照职责分工抓紧制定有关配套措施，加强沟通协调，形成工作合力，确保各项政策及时落实到位，为助推我省经济持续健康发展提供新动能 |
| 13 | 宁夏 | 《宁夏回族自治区人民政府关于促进创业投资持续健康发展的实施意见》（宁政发〔2017〕43号） | 通过加强政策引导，加快构建参与主体丰富、资本属性多元、专业人才聚集，能满足创新创业企业从种子期、初创期到成长期不同发展阶段融资需求的创业投资体系。大力推进大众创业万众创新，加快形成“创业、创新+创投”的协同互动的良好发展格局，进一步扩大我区创业投资规模。到2020年引进培育20家以上资本规模大、投资能力强、增值服务水平高的创业投资机构和企业，其中：四个地级市（不含银川市）、国家级开发区至少有2家以上创业投资机构，有条件的自治区级开发区、工业园区至少有1家以上创业投资机构，投资培育一批高成长的创业创新企业，初步形成具有一定优势的创业投资体系 |
| 14 | 广东 | 《广东省人民政府关于印发广东省加快促进创业投资持续健康发展实施方案的通知》（粤府〔2017〕62号） | 为贯彻落实《国务院关于促进创业投资持续健康发展的若干意见》（国发〔2016〕53号），进一步促进我省创业投资持续健康发展，着力将广东打造成为华南风投创投中心，制定本方案。省发展改革委要会同有关部门加强促进创业投资发展的政策协调，建立部门之间、部门与地市之间协调联动工作机制和信息共享机制，加强创业投资行业发展政策和监管政策的协调配合，确保本实施方案落实到位。各地级以上市要把促进创业投资持续健康发展作为深入实施创新驱动发展战略、推动大众创业万众创新、促进经济结构调整和产业转型升级的一项重要举措，建立健全工作机制，制定本区域促进创业投资发展的政策措施 |

续表

| 序号 | 省、区、市 | 政策文件 | 政策目标 |
| --- | --- | --- | --- |
| 15 | 内蒙古 | 《内蒙古自治区人民政府关于促进创业投资持续健康发展的实施意见》（内政发〔2017〕72号） | 为贯彻落实《国务院关于促进创业投资持续健康发展的若干意见》（国发〔2016〕53号）精神，促进我区各类创业投资（包括天使投资）持续健康发展，助力创业创新和经济转型升级，结合自治区实际，现提出以下意见。各地区、各部门要结合各自职能和责任分工，密切配合，形成合力，加快制定完善各项促进创业投资发展的配套政策和落实措施，确保各项政策措施落实到位 |
| 16 | 江苏 | 《江苏省人民政府关于促进创业投资持续健康发展的实施意见》（苏政发〔2017〕101号） | 以支持实体经济、助力创业企业发展为重点方向，加快形成有利于创业投资发展的良好氛围和“创业、创新+创投”的协同互动发展格局，促进资本与产业对接、创新与创业融合，依托我省产业优势和特色，聚焦高端制造、节能环保、生物医药、信息技术、移动互联、文化创意、新材料、新能源、现代服务业、传统产业转型升级等领域，培育一批具有全国乃至国际影响力的创业投资品牌，培养一批引领行业创新发展的创业投资管理队伍，建设一批功能配套完善的创业投资集聚区，为在“十三五”期间构筑我省现代产业新高地，汇聚创新创业优质资源。到2020年，全省重点培育具有国际和全国影响力的创业投资品牌领军企业20家，示范企业50家，优秀团队100个；建设20家省级创业投资集聚发展示范区、20家省级创业投资综合服务基地，集聚500家创业投资企业，管理资产规模超1000亿元 |
| 17 | 山西 | 《山西省人民政府关于印发山西省促进创业投资持续健康发展若干政策措施的通知》（晋政发〔2017〕32号） | 为贯彻落实《国务院关于促进创业投资持续健康发展的若干意见》（国发〔2016〕53号），汇集推动大众创业、万众创新的重要资本力量，促进科技创新成果转化，实现技术、资本、人才、管理等创新要素与创业企业有效结合，为全省经济社会发展注入新动力，打造新引擎，促进我省创业投资持续健康发展 |

续表

| 序号 | 省、区、市 | 政策文件 | 政策目标 |
| --- | --- | --- | --- |
| 18 | 湖南 | 《湖南省人民政府关于促进创业投资持续健康发展的实施意见》（湘政发〔2017〕30号） | 贯彻落实《国务院关于促进创业投资持续健康发展的若干意见》（国发〔2016〕53号）精神，促进经济转型升级和提质增效，将我省打造成在全国具有影响力的创业投资中心和中西部地区创业投资集聚高地。各地区、各部门要把促进创业投资持续健康发展作为深入实施创新驱动发展战略、推动大众创业万众创新、促进经济结构调整和产业转型升级的一项重要举措，按照职责分工抓紧制定完善配套政策和实施细则，各牵头部门要加强对政策落实情况的督查考核，抓好各项工作落实 |
| 19 | 贵州 | 《省人民政府关于促进创业投资持续健康发展的实施意见》（黔府发〔2017〕28号） | 充分发挥政府设立的创业投资引导基金作用，扩大创业投资规模，加快构建参与主体丰富、资本属性多元、专业人才聚集，满足创新型企业从种子期、初创期到成长期不同发展阶段融资需求的创业投资体系，到2020年，全社会创业投资超过500亿元，以创业投资业务为主的创业投资机构超过100家，重点打造3家以上在国内外具有较高知名度的创业投资管理机构，将贵州打造成为在西部地区具有较强竞争力和较大影响力的创业投资集聚地 |
| 20 | 陕西 | 《陕西省人民政府关于加快推动创业投资发展的实施意见》（陕政发〔2017〕53号） | 强化市场主体地位，发挥政府引导作用，营造良好的创业投资环境和积极的投资氛围，构建多层次创业投资体系，满足处于不同发展阶段创新型企业融资需求，加快推动创业投资发展。到2020年，全省创业投资规模超过1000亿元，培育以创业投资业务为主的创业投资机构100家以上，形成主体多元、资本富集、人才集聚的创业投资体系，将我省打造成西部地区具有较大影响力的创业投资中心 |

续表

| 序号 | 省、区、市 | 政策文件 | 政策目标 |
| --- | --- | --- | --- |
| 21 | 甘肃 | 《甘肃省人民政府关于促进创业投资持续健康发展的实施意见》（甘政发〔2017〕93号） | 省发展改革委要会同有关部门加强促进创业投资发展的政策协调，建立部门之间、部门与地区之间政策协调联动机制和相关政府部门促进创业投资行业发展的信息共享机制。各地、各部门要把促进创业投资持续健康发展作为深入实施创新驱动发展战略、推动大众创业万众创新、促进经济结构调整和产业转型升级的一项重要举措，按照职责分工抓紧制定相关配套措施，加强沟通协调，形成工作合力，确保各项政策及时落实到位，推动甘肃经济迈上新台阶 |
| 22 | 湖北 | 《省人民政府关于促进创业投资持续健康发展的实施意见》（鄂政发〔2018〕11号） | 各地各部门要把促进创业投资持续健康发展作为深入实施创新驱动发展战略、促进全面深化改革、推动经济结构调整和产业转型升级的一项重要举措，按照职责分工制定配套措施，加强沟通协调，形成工作合力，确保各项政策措施落地生效，积极发展新经济、培育新动能、改造提升传统动能，推动全省经济高质量发展。 |
| 23 | 西藏 | 《西藏自治区人民政府办公厅关于促进创业投资持续健康发展的实施意见》（藏政办发〔2018〕24号） | 加快形成全区有效的创业投资市场主体集群，建立健全创业投资规范运作平台，提升鼓励创业投资政策效益，有效防范短期投机套利行为，激发发展内生动力，形成创业投资有效补充的多元化社会投资格局。到2025年，建成6个以上创业投资示范区，培育10家国内知名品牌创业投资企业，实现创业投资管理机构、管理资金大幅增长，使创业投资成为我区实体经济发展的重要融资渠道，培养一批具有竞争力和影响力的创业投资品牌，努力把我区打造成西部地区创业投资集聚高地。 |

续表

| 序号 | 省、区、市 | 政策文件 | 政策目标 |
|---|---|---|---|
| 24 | 山东 | 《山东省人民政府关于促进创业投资持续健康发展的通知》（鲁政发〔2018〕14号） | 深入贯彻习近平新时代中国特色社会主义思想和党的十九大精神，坚定践行新发展理念，按照高质量发展的要求，聚焦“四新”“四化”发展方向，强化改革、开放、创新三大动力，加快实施新旧动能转换重大工程，大力推进大众创业、万众创新，培育一批有影响力的创业投资品牌，培养一批引领行业创新发展的创业投资管理队伍，建设一批功能配套完善的创业投资集聚区，加快形成“换位思考、主动服务、有求必应、无需不扰、结果评价”的良好环境和“创业、创新+创投”的协同互动发展格局 |
| 25 | 海南 | 《海南省人民政府办公厅关于印发海南省促进创业投资持续健康发展实施方案的通知》（琼府办〔2018〕67号） | 按照中央12号文件要求，聚焦我省旅游业、现代服务业、高新技术产业等经济发展的重点领域与薄弱环节，不以单纯盈利为目的，坚持分类与问题导向，实行差别化激励与引导政策，逐步建立基金总体规模合适、投资领域科学、基金治理结构规范与调控方向精准的创业投资基金体系，完善财政扶持经济发展方式，推动产业发展与转型升级。到2020年底，全省创业投资机构达到30家，其中海口、三亚、国家级开发区及有条件的省级产业园区至少有1家创业投资机构，促进100家中小创新型企业成长壮大 |
| 26 | 四川 | 《四川省人民政府办公厅关于印发四川省促进创业投资持续健康发展实施方案的通知》（川办函〔2018〕117号） | 吸引培育一批国内外知名的创业投资管理队伍，引导带动一批创业投资资本，投资培育一批新兴产业企业，争取到2020年，全省集聚100家品牌创业投资企业，管理创业投资资本规模不低于500亿元，投资新兴产业企业数量超过1000家，带动投融资3000亿元以上，把四川打造成为西部地区最具竞争力和影响力的创业投资中心 |

附表2　北京、上海、深圳、杭州、广州股权投资税收优惠政策梳理

| 城市 | 政策文件 | 税收优惠政策 |
|---|---|---|
| 北京 | 《关于促进股权投资基金业发展的意见》（京金融办〔2009〕5号） | 企业所得税：<br>（1）合伙制股权投资基金（简称“股权基金”）和合伙制股权投资管理企业（简称“管理企业”）不作为所得税纳税主体，采取“先分后税”方式，由合伙人分别缴纳个人所得税或企业所得税。<br>（2）合伙制股权基金从被投资企业获得的股息、红利等投资性收益，属于已缴纳企业所得税的税后收益，该收益可按照合伙协议约定直接分配给法人合伙人，其企业所得税按有关政策执行。<br>（3）对在北京市注册登记、累计实收资本在5亿元以上的产业投资基金的管理企业，自其获利年度起，由所在区县政府前两年按其所缴企业所得税区县实得部分全额奖励，后三年减半奖励。<br>个人所得税：<br>（1）合伙制股权基金中个人合伙人取得的收益，按照“利息、股息、红利所得”或者“财产转让所得”项目征收个人所得税，税率为20%。<br>（2）市政府给予股权基金或管理企业有关人员的奖励，依法免征个人所得税。<br>营业税：<br>（3）合伙制股权基金的普通合伙人，以无形资产、不动产投资入股，参与接受投资方利润分配，共同承担投资风险的行为，或股权转让行为，不征收营业税 |
| 上海 | 《上海市人民政府办公厅印发〈关于进一步促进上海股权投资行业高质量发展的若干措施〉的通知》（沪府办规〔2023〕29号） | 个人所得税：<br>（1）对接落实合伙型创业投资企业单一投资基金核算税收优惠政策，对选择单一投资基金核算的创业投资企业个人合伙人股权转让所得和股息红利所得，按照20%税率计算缴纳个人所得税。创业投资企业和天使投资个人采取股权投资方式直接投资于种子期、初创期科技型企业满2年的，可按照投资额的70%抵扣应纳税所得额。鼓励股权投资集聚区对经认定的股权投资基金投资种子期、初创期科技型企业的，结合股权投资基金投资期限和退出后再投资情况，给予其个人合伙人阶梯绩效奖补等政策支持 |

续表

| 城市 | 政策文件 | 税收优惠政策 |
| --- | --- | --- |
| 上海 | 《上海市人民政府办公厅印发〈关于进一步促进上海股权投资行业高质量发展的若干措施〉的通知》（沪府办规〔2023〕29号） | （2）开展浦东新区特定区域公司型创业投资企业所得税优惠政策试点。对转让持有3年以上股权的所得占年度股权转让所得总额的比例超过50%的，按照年末个人股东持股比例减半征收当年企业所得税；对转让持有5年以上股权的所得占年度股权转让所得总额的比例超过50%的，按照年末个人股东持股比例免征当年企业所得税。鼓励股权投资集聚区对经认定的公司型创业投资企业，结合其投资期限和退出后再投资情况，给予阶梯绩效奖补等政策支持 |
| 深圳 | 《深圳市人民政府印发关于促进股权投资基金业发展的若干规定的通知》(深府〔2010〕103号) | 企业所得税：<br>（1）合伙制股权投资基金和合伙制股权投资基金管理企业不作为所得税纳税主体，采取“先分后税”方式，由合伙人分别缴纳个人所得税或企业所得税。<br>（2）股权投资基金、股权投资基金管理企业采取股权投资方式投资于未上市中小高新技术企业2年以上（含2年），凡符合《国家税务总局关于实施创业投资企业所得税优惠问题的通知》（国税发〔2009〕87号）规定条件的，可按其对中小高新技术企业投资额的70%抵扣企业的应纳税所得额。<br>个人所得税：<br>（1）执行有限合伙企业合伙事务的自然人普通合伙人，按照“个体工商户的生产经营所得”项目，适用5%～35%的五级超额累进税率计征个人所得税。<br>（2）不执行有限合伙企业合伙事务的自然人有限合伙人，其从有限合伙企业取得的股权投资收益，按照“利息、股息、红利所得”项目，按20%的比例税率计征个人所得税。<br>营业税：<br>合伙制投资股权基金的普通合伙人，以无形资产、不动产投资入股，参与接受投资方利润分配，共同承担投资风险的行为，或股权转让行为，不征收营业税 |

续表

| 城市 | 政策文件 | 税收优惠政策 |
|---|---|---|
| 杭州 | 《杭州市人民政府办公厅关于印发促进我市股权投资业发展实施办法的通知》（杭政办〔2010〕11号） | 企业所得税：<br>（1）以有限合伙形式设立的股权投资企业、股权投资管理企业可采取“先分后税”的方式，其经营所得和其他所得，由合伙人分别缴纳所得税。<br>（2）股权投资管理企业因收回、转让或清算处置其所投资股权而发生的权益性投资损失，可以按税法规定在税前扣除。<br>（3）符合居民企业条件的股权投资管理企业直接投资于其他居民企业取得的股息、红利等权益性投资收益，符合条件的可作为免税收入，免征企业所得税。<br>（4）股权投资企业投资于我市未上市中小高新技术企业2年以上的，凡符合财税〔2007〕31号规定条件的，可按其对我市未上市中小高新技术企业投资额的70%、在股权持有满2年的当年抵扣该股权投资企业的应纳税所得额；当年不足抵扣的，可在以后纳税年度结转抵扣<br>个人所得税：<br>（1）执行有限合伙企业合伙事务的自然人普通合伙人，按“个体工商户的生产经营所得”应税项目，适用5%～35%的五级超额累进税率，在合伙企业注册地地税局计算征收个人所得税。<br>（2）不执行有限合伙企业合伙事务的自然人有限合伙人，其从有限合伙企业取得的股权投资收益，按杭金融办〔2008〕38号的规定计算缴纳个人所得税。<br>营业税：<br>合伙制企业的普通合伙人，以无形资产、不动产投资入股，参与接受投资方利润分配，共同承担投资风险的行为，或股权转让行为，不征收营业税。<br>其他：<br>（1）股权投资管理企业缴纳房产税、城镇土地使用税、水利建设专项资金确有困难的，报经地税部门批准后，可酌情给予减免。<br>（2）新引进的省外股权投资管理企业，其受托管理资金超过10亿元（含）且资金所属股权投资企业纳税地在杭州市的，自设立起3年内，报经地税部门批准后，可免征房产税、水利建设专项资金 |

续表

| 城市 | 政策文件 | 税收优惠政策 |
| --- | --- | --- |
| 广州 | 《广州市人民政府办公厅印发关于促进广州股权投资市场规范发展暂行办法（修订）的通知》（穗府办〔2015〕5号） | 企业所得税：<br>合伙制股权投资企业和合伙制股权投资管理企业不作为所得税纳税主体，应采取“先分后税”方式，由合伙人分别缴纳个人所得税或企业所得税。<br>个人所得税：<br>合伙制股权投资企业从所投资企业获得的股息、红利等投资性收益，属于已缴纳企业所得税的税后收益，可按照合伙协议约定直接分配给法人合伙人，法人合伙人的企业所得税按有关政策执行。<br>其他：<br>非合伙制股权投资企业、股权投资管理企业采取股权投资方式投资未上市中小高新技术企业达24个月以上，并符合国税发〔2009〕87号规定的，可按其对中小高新技术企业投资额的70%，在股权持有时间满24个月的当年度抵扣企业的应纳税所得额；当年不足抵扣的，可以在以后纳税年度结转抵扣 |

### 附表3 国内主要城市创投机构落户奖励政策梳理

| 城市 | 政策文件 | 政策内容 |
|---|---|---|
| 广州 | 《广州市人民政府办公厅印发关于促进广州股权投资市场规范发展暂行办法(修订)的通知》(穗府办〔2015〕5号) | （1）以公司制形式设立的股权投资企业，根据其实收资本的规模，给予一次性落户奖励：实收资本达到5亿元人民币或等值外币的，奖励500万元；实收资本达到15亿元人民币或等值外币的，奖励1000万元；实收资本达到30亿元人民币或等值外币及以上的，奖励1500万元。同一企业落户奖励累计最高不超过1500万元。公司制股权投资企业委托股权投资管理企业管理运作的，参照本条款规定，按照实收资本金额给予受托管理的股权投资管理企业一次性落户奖励。<br>（2）以合伙制形式设立的股权投资企业，根据合伙企业当年实际管理资金的规模，给予受托管理的股权投资管理企业一次性落户奖励：管理资金达到10亿元人民币或等值外币的，奖励500万元；管理资金达到30亿元人民币或等值外币的，奖励1000万元；管理资金达到50亿元人民币或等值外币及以上的，奖励1500万元。同一企业落户奖励累计最高不超过1500万元。<br>本办法实施前已在我市设立的股权投资企业，进行增资扩股时的新增实收资本或新增管理资金规模达到上述规定的，参照新设企业给予奖励 |
| | 《广州市人民政府办公厅关于印发广州市风险投资市场规范管理办法的通知》(穗府办规〔2017〕17号) | （1）公司制：根据所有受托管理的公司制股权投资企业、创业投资企业实收资本合计规模，给予管理能力奖励。实收资本合计规模达到3亿元人民币或等值外币的，奖励300万元；实收资本合计规模达到5亿元人民币或等值外币的，奖励500万元；实收资本合计规模达到15亿元人民币或等值外币的，奖励1000万元；实收资本合计规模达到30亿元人民币或等值外币及以上的，奖励1500万元。<br>（2）合伙制：根据所有受托管理的合伙制股权投资企业、创业投资企业实缴出资额合计规模，给予管理能力奖励。管理资金达到5亿元人民币或等值外币的，奖励300万元；管理资金达到10亿元人民币或等值外币的，奖励500万元；管理资金达到30亿元人民币或等值外币的，奖励1000万元；管理资金达到50亿元人民币或等值外币及以上的，奖励1500万元。同一股权投资管理企业、创业投资管理企业获得的管理能力奖励，累计最高不超过1500万元。<br>（3）私募证券投资基金：根据所有受托管理并已按国家规定完成登记备案手续的私募证券投资基金实际规模，给予管理能力奖励。管理资金达到100亿元人民币或等值外币的，奖励300万元；管理资金达到500亿元人民币或等值外币及以上的，奖励500万元。同一私募证券投资管理企业获得的管理能力奖励，累计最高不超过500万元 |

续表

| 城市 | 政策文件 | 政策内容 |
| --- | --- | --- |
| 广州 | 《广州市黄埔区人民政府办公室 广州开发区管委会办公室关于印发广州市黄埔区 广州开发区促进风险投资发展办法的通知》(穗开管办〔2017〕29号) | （1）对新设立的公司制风险投资机构，实缴注册资本达到1亿元、3亿元、10亿元、20亿元、30亿元人民币或等值外币以上，经认定分别给予100万元、300万元、800万元、1000万元、2000万元奖励。每家风险投资机构最高奖励2000万元。<br>（2）对合伙制风险投资机构，管理规模3亿元人民币或等值外币以上，按其实际投资本区非上市企业的累计投资额每满5000万元人民币或等值外币，给予风险投资机构或其委托管理人奖励300万元，累计最高奖励2000万元 |
|  | 《关于印发广州南沙新区（自贸片区）促进金融服务业发展扶持办法实施细则（修订版）的通知》（穗南开金融发〔2018〕5号） | 1. 以公司制形式设立的股权投资基金企业，根据其实缴注册资本的规模，给予落户奖励：（1）实缴注册资本3亿元（含）至10亿元人民币或等值外币的，给予300万元的落户奖励；（2）实缴注册资本10亿元（含）至20亿元人民币或等值外币的，给予800万元的落户奖励；（3）实缴注册资本20亿元（含）至30亿元人民币或等值外币的，给予1000万元的落户奖励；（4）实缴注册资本30亿元以上人民币或等值外币的，给予1500万元的落户奖励。<br>2. 以合伙制形式设立的股权投资基金企业，根据其当年实际管理资金的规模，给予受托管理的股权投资基金管理企业落户奖励（股权投资基金管理企业、股权投资基金企业均需注册在南沙区）：（1）实际管理资金规模5亿元（含）至10亿元人民币或等值外币的，给予300万元的落户奖励；（2）实际管理资金规模10亿元（含）至30亿元人民币或等值外币的，给予600万元的落户奖励；（3）实际管理资金规模30亿元（含）至50亿元人民币或等值外币的，给予1000万元的落户奖励；（4）实际管理资金规模50亿元以上人民币或等值外币的，给予1500万元的落户奖励 |
|  | 《广州市海珠区促进风险投资集聚区发展的实施意见》（海科工商信〔2018〕3号） | 1. 公司制风险投资机构：单个公司制风险投资机构累计最高奖励3300万元。<br>（1）实收资本达到1亿元人民币以上（或等值外币）的，经认定按其实收资本的1.1%给予奖励（含管理团队或骨干人员奖励），之后每年申报一次，计算当期比上一申报期实收资本的增量，每增加1亿元人民币（或等值外币）的经认定奖励110万元（含管理团队或骨干人员奖励）。 |

续表

| 城市 | 政策文件 | 政策内容 |
| --- | --- | --- |
| 广州 | 《广州市海珠区促进风险投资集聚区发展的实施意见》（海科工商信〔2018〕3号） | （2）管理的契约型基金规模达到1亿元人民币以上（或等值外币）并且以自身名义投资项目的资金规模达到5000万元且投资年限已满一年的，经认定按其实际投资规模的1.1%给予奖励（含管理团队或骨干人员奖励），之后每年申报一次，计算当期比上一申报期实际投资规模的增量，每增加5000万元人民币（或等值外币）的经认定奖励55万元（含管理团队或骨干人员奖励）。<br>2. 合伙制风险投资机构：实际管理规模达到3亿元人民币以上（或等值外币）的，按其实际投资本区非上市企业的累计投资额每满5000万元人民币（或等值外币），经认定给予奖励300万元（含管理团队或骨干人员奖励）。单个合伙制风险投资机构累计最高奖励2000万元 |
| 深圳 | 《深圳市扶持金融业发展若干措施》（深府规〔2017〕2号） | （1）以公司制形式新注册设立的股权投资企业，按照其实缴注册资本规模，给予一次性落户奖励：实缴注册资本达5亿元的，奖励500万元；实缴注册资本达15亿元的，奖励1000万元；实缴注册资本达30亿元的，奖励1500万元。<br>（2）在深圳注册设立、已获得过一次性落户奖励且运营规范的公司制股权投资企业，参照新注册股权投资企业的奖励标准，对其增资后累计实缴注册资本达到高一级实收资本规模的，补足奖励差额部分。<br>以合伙制形式设立、运营规范的股权投资企业，根据合伙企业实际募集资金规模，给予其委托的股权投资管理企业管理资产规模奖励：实际募集资金达10亿元的，奖励500万元；实际募集资金达到30亿元的，奖励1000万元；实际募集资金达到50亿元的，奖励1500万元。<br>（3）符合条件的新注册设立的股权投资企业、股权投资管理企业，按其企业形成地方财力之日起计算，前2年按照企业形成地方财力的100%给予奖励，后3年按照企业形成地方财力的50%给予奖励。<br>（4）对于市政府重点引进的特大型股权投资企业，除享受上述股权投资政策外，实际管理规模200亿元以上、500亿元以下的，参照金融企业一级分支机构执行除一次性落户奖励以外的其他支持政策；实际管理规模达500亿元以上的，参照金融企业总部执行除一次性落户奖励以外的其他支持政策 |

续表

| 城市 | 政策文件 | 政策内容 |
| --- | --- | --- |
| 济南 | 《济南市人民政府关于印发济南市加快现代金融产业发展若干扶持政策的通知》(济政发〔2018〕31号) | （1）以公司制形式设立的股权投资企业，实缴注册资本50亿元（含）以上的，补助2000万元；30亿元（含）至50亿元的，补助1500万元；15亿元（含）至30亿元的，补助1000万元；5亿元（含）至15亿元的，补助600万元；3亿元（含）至5亿元的，补助300万元。<br>（2）以合伙制形式设立的股权投资企业，实际募集资金100亿元（含）以上的，补助2000万元；50亿元（含）至100亿元的，补助1500万元；30亿元（含）至50亿元的，补助1000万元；10亿元（含）至30亿元的，补助600万元；5亿元（含）至10亿元的，补助300万元。<br>（3）对股权投资企业增资给予一定补助。对2016年1月1日后设立的股权投资企业，其增资后累计实缴注册资本达到高一级补助标准的，补足补助差额部分。对2016年1月1日前设立的股权投资企业，在政策施行期间首次增资的，对其增资部分，参照新设立或新引进的股权投资企业给予补助；第二次及以后增资的，其累计增资规模达到高一级补助标准的，补足补助差额部分 |
| 南京 | 《南京市关于扶持股权投资机构发展促进科技创新创业的实施细则（试行）》 | （1）以公司制形式新注册设立的股权投资企业，按照其实缴到位注册资本规模，给予开办奖励：实缴到位注册资本达1000万元~1亿元（不含1亿元）的天使投资机构，奖励30万元；实缴到位注册资本1亿元~5亿元（不含5亿元）且主要投向为初创期的股权投资企业，奖励100万元；实缴到位注册资本5亿元~15亿元（不含15亿元）的股权投资企业，奖励500万元；实缴到位注册资本15亿元~30亿元（不含30亿元）的股权投资企业，奖励1000万元；实缴到位注册资本达到30亿元及以上的股权投资企业，奖励1500万元。<br>（2）以合伙制形式新设立的股权投资企业，根据合伙企业实际募集到位资金规模，给予其委托的股权投资管理企业管理资产规模奖励：实际募集到位资金2000万元~2亿元（不含2亿元）的天使投资机构，奖励30万元；实际募集到位资金2亿元~10亿元（不含10亿元）且主要投向为初创期的股权投资企业，奖励100万元；实际募集到位资金10亿元~30亿元（不含30亿元）的股权投资企业，奖励500万元；实际募集到位资金30亿元~50亿元（不含50亿元）的股权投资企业，奖励1000万元；实际募集到位资金达到50亿元及以上的股权投资企业，奖励1500万元。<br>（3）对我市股权投资行业发展有重大意义的股权投资机构（实际管理规模100亿元以上）落户本市，可按照“一事一议”的原则，报市政府同意后予以特别政策安排 |

续表

| 城市 | 政策文件 | 政策内容 |
| --- | --- | --- |
| 重庆 | 《重庆高新区管委会关于印发〈打造西部创投中心的若干措施〉的通知》（渝高新发〔2023〕21号） | 1.落户奖励：<br>（1）对新设立或新迁入的私募股权投资基金管理企业（公司制），规范运营一年的给予落户奖励。实缴注册资本达到1000万元（含）以上、5000万元以下的，按实缴注册资本0.8%给予一次性奖励；实缴注册资本达到5000万（含）以上的，按实缴注册资本1%给予一次性奖励。<br>（2）企业风险投资（CVC）奖励。国内外上市企业或其控股子公司、大型企业自本措施实施日起，在重庆高新区发起设立私募股权投资基金管理企业（公司制），并规范运营一年，经认定，额外奖励20万元。<br>（3）全国相关权威机构综合排名前50强（含）的创投风投机构，在重庆高新区设立私募股权投资基金管理企业（公司制），在奖励年度内按实缴注册资本1%给予再奖励。<br>（4）全国相关权威机构综合排名前50—100强（含）的创投风投机构，在重庆高新区设立私募股权投资基金管理企业（公司制），在奖励年度内按实缴注册资本0.5%给予再奖励，以上落户奖励累计最高不超过1000万元。<br>2.募资奖励：<br>对新设立或新迁入的私募股权投资基金给予募资奖励，募集到账1亿元（含）以上、5亿元（含）以下的，按照募资到账金额0.05%给予一次性奖励；募集到账5亿元以上、10亿元（含）以下的，按照募资到账金额0.06%给予一次性奖励；募集到账10亿元以上的，按照募资到账金额0.07%给予一次性奖励，最高不超过1000万元。<br>3.区内企业投资奖励：<br>（1）鼓励创投风投机构加大对重庆高新区内企业投资，每投资一家，按投资额5%给予一次性奖励，每家每年最高奖励不超过1,000万元。<br>（2）对注册在重庆高新区内的创投风投机构，以股权投资方式投资重庆高新区企业的，每投资一家，按投资额5%给予一次性奖励，每家机构获得奖励达到1000万元后，在奖励年度内按投资总额（扣除已获得5%奖励的投资金额）的1%给予再奖励。对该创投风投机构在重庆高新区有返投比例要求的，返投金额不纳入奖励范围。<br>4.分担投资风险：<br>对注册在重庆高新区的创投风投机构，投资重庆高新区内高新技术企业失败的，按照其损失金额大小，单个机构给予最高50%的风险补偿，最高不超过500万元 |

续表

| 城市 | 政策文件 | 政策内容 |
| --- | --- | --- |
| 杭州 | 《杭州市人民政府办公厅关于印发促进我市股权投资业发展实施办法的通知》（杭政办〔2010〕11号） | （1）委托型股权投资企业，对在杭企业直接股权投资额达到2500万元的，给予一次性30万元的奖励。奖励资金可由股权投资企业与其所托股权投资管理企业按各50%的比例分享。<br>（2）自营型股权投资企业，对在杭企业直接股权投资额达到2500万元的，给予一次性25万元的奖励。<br>（3）股权投资管理企业，受托管理的外地股权投资资金（指杭州行政区划外的股权投资基金，下同）对在杭企业直接股权投资额达到4000万元的，给予一次性15万元的奖励 |
| | 《杭州市人民政府办公厅关于进一步促进我市股权投资业发展的补充意见》（杭政办函〔2012〕134号） | （1）新设立或已设立但尚未取得营业税应税收入的股权投资管理企业，自取得营业税应税收入当年起，可按其营业税形成地方财政贡献的60%予以奖励；新设立或已设立但尚未获利的股权投资管理企业，自获利年度起，可按其企业所得税形成地方财政贡献的60%予以奖励。奖励期限不超过5年。<br>（2）已设立且有营业税应税收入的股权投资管理企业，可按其营业税形成地方财政贡献的40%予以奖励；已设立且有企业所得税应税所得的股权投资管理企业，可按其所得税形成地方财政贡献的40%予以奖励。奖励期限不超过5年。<br>新设立或已设立的自营型股权投资企业、股权投资管理企业的高级管理人员，其自上述企业取得的个人工资薪金所得形成的地方财政贡献部分，前3年可予以全额奖励，后两年可予以减半奖励。<br>（3）新设立或已设立的有限合伙制股权投资企业、股权投资管理企业，其既执行有限合伙企业合伙事务又为出资人的自然人普通合伙人，取得所得能划分清楚的，对所得中投资收益或股权转让收益部分，适用20%的税率 |

续表

| 城市 | 政策文件 | 政策内容 |
| --- | --- | --- |
| 青岛 | 《支持打造创投风投中心若干政策措施奖励实施细则》(青金监字〔2019〕56号) | （1）对在我市新设的创投风投机构，基金实缴资金达到2亿元及以上的；基金管理人实收资本达到2亿元及以上的；基金的实缴资金、基金管理人的实收资本托管在我市商业银行机构；符合监管要求，经营合法合规的，可享受实缴资金或实收资本扣除政府性出资后，按照1%给予奖励，最高不超过2000万元。<br>（2）对于已有创投风投机构增资的奖励条件主要包括：我市已有基金及基金管理人增资2亿元及以上；由外地迁入我市的基金及基金管理人迁入后基金新增实缴资金达到2亿元及以上、基金管理人新增实收资本达到2亿元及以上；在我市取得营业执照，并已在中基协完成登记、备案；实缴资金或实收资本托管在我市商业银行机构；符合监管要求，经营合法合规。对于这类创投风投机构的奖励同样也是其实缴资金或实收资本扣除政府性出资后，按照1%给予奖励，最高不超过2000万元。<br>（3）对于特大型创投风投机构的奖励条件主要包括：新设基金实缴资金达到100亿元及以上；已有基金新增实缴资金达到100亿元及以上；在我市取得营业执照，并已在中基协完成备案；实缴资金托管在我市商业银行机构；符合监管要求，经营合法合规。对于这类创投风投机构的奖励，最高不超过5000万元。<br>（4）2019年1月1日及以后，实缴资金达到200亿元及以上（扣除政府性出资），并对我市经济高质量发展和龙头产业培育具有重大促进作用的基金，我市将按照其落户和发展的实际需要，给予专项配套支持和奖励 |

附表4 国内主要城市创投机构租购房补贴政策梳理

| 地区 | 政策文件 | 政策内容 |
| --- | --- | --- |
| 广州 | 《广州市黄埔区人民政府办公室 广州市开发区管委会办公室关于印发广州市黄埔区 广州开发区促进风险投资发展办法的通知》（穗开管办〔2017〕29号） | 对入驻“中国风险投资科学城大厦”“中国风险投资知识城大厦”的，连续3年按实际发生租金给予100%补贴，补贴面积最高1000平方米，并给予30%的装修费用补贴，最高100万元。<br>对在本区购置办公用房且自用的，按购买房价的10%给予最高500万元一次性补贴，并给予30%的装修费用补贴，最高100万元 |
| | 《关于印发广州南沙新区（自贸片区）促进金融服务业发展扶持办法实施细则（修订版）的通知》（穗南开金融发〔2018〕5号）） | 符合条件的金融企业在南沙租用办公用房且自用的，按每月每平方米最高50元的标准予以场地补贴；如每月每平方米合同实际租金小于50元的，按每月每平方米合同实际租金予以补贴。补贴期限为3年，且每年最高补贴金额不超过300万元。<br>符合条件的金融企业在南沙购置办公用房且自用的，按每平方米1000元的标准给予一次性补贴，补贴金额不超过1000万元。<br>金融企业同时购置和租赁办公用房的，则按照以上规定合并计算办公用房补贴，补贴金额最高不超过1000万元。补贴期间的办公用房不得改变用途、出租、转租或出售。违反上述规定的追缴已经获得的补贴 |
| | 《广州市海珠区促进风险投资集聚区发展的实施意见》（海科工商信〔2018〕3号） | 对风险投资管理企业连续36个月实际发生的租金经认定给予一定补贴（补贴租金不含管理费，且最高租金补贴标准不超过每月每平方米150元）：（1）实际管理规模1亿元人民币以上3亿元人民币以下（或等值外币）的，最高补贴300平方米（以租赁建筑面积计，下同）租金；（2）实际管理规模3亿元人民币以上10亿元人民币以下（或等值外币）的，最高补贴500平方米租金；（3）实际管理规模10亿元人民币以上（或等值外币）的，最高补贴1000平方米租金，并按其补贴面积给予每平方米800元的装修补助 |

续表

| 地区 | 政策文件 | 政策内容 |
|---|---|---|
| 深圳 | 《深圳市人民政府关于印发扶持金融业发展若干措施的通知》（深府规〔2018〕26号） | 经认定符合条件的股权投资企业、股权投资管理企业因业务发展需要新购置自用办公用房的，可按购房价格的1.5%给予一次性补贴，但最高补贴金额不超过500万元；获得补贴的办公用房10年内不得对外租售。<br>经认定符合条件的股权投资企业、股权投资管理企业新租赁自用办公用房，可参照金融企业一级分支机构申请租房补贴，补贴总额不超过500万元 |
| 济南 | 《济南市人民政府关于印发济南市加快现代金融产业发展若干扶持政策的通知》（济政发〔2018〕31号） | 对符合本项政策第（一）条或第（二）条规定的股权投资（管理）企业自建或购买办公用房的，按建房核算成本或购房合同价格的1.5%给予补助，最高补助500万元；租赁办公用房的，3年内每年按房屋租金的30%给予补助，累计补助额最高200万元。<br>股权投资（管理）企业因业务发展需要新自建或新购置办公用房的，按其上年度地方经济贡献的10%给予补助，最高补助500万元 |
| 西安 | 《西安市人民政府关于支持西安国家自主创新示范区聚集创投机构和创投人才的若干意见》（市政发〔2018〕37号） | 对国内外知名创投机构在自创区落户并租用办公用房的，按每人20平方米的标准，前3年给予全额房租补贴，后2年给予50%的房租补贴；对国内外知名创投机构在自创区落户并购买办公用房的，按1000元/平方米的标准给予购房补贴。每家机构累计最高补贴500万元（对企业的办公用房补贴不超过企业实际支出） |
| 南京 | 《南京市关于扶持股权投资机构发展促进科技创新创业的实施细则（试行）》 | 对入驻江北新区或南京建邺高新区的股权投资机构，因业务发展需要新购置自用办公用房的，按购房价格最高10%的比例给予补贴，最高补贴不超过3000万元，获得补贴的办公用房10年内不得对外租售。股权投资机构新租赁自用办公用房，按有关规定申请补贴总额最高200万元。购租房补贴由江北新区或南京建邺高新区负责 |

附表5　国内主要城市创业投资一次性奖励及补助政策梳理

| 地区 | 政策文件 | 政策内容 |
| --- | --- | --- |
| 广州 | 《广州市人民政府办公厅关于印发广州市鼓励创业投资促进创新创业发展若干政策规定的通知》（穗府办规〔2018〕18号） | **投资奖励**<br>创业投资类管理企业对已进入全国科技型中小企业信息服务平台并取得科技型中小企业入库登记编号的在穗注册企业进行投资的，按照实际到账投资额的1%给予奖励，每年每家不超过500万元。<br>支持创业投资类管理企业投资在穗注册的种子期、初创期科技创新企业，若其管理的单只基金当年投资上述企业投资额不低于其累计投资额70%的，按照实际到账投资额的15%给予奖励，单笔奖励不超过45万元，每年每家不超过100万元。<br>创业投资类管理企业投资的科技型中小企业迁入我市1年以上的，根据其对该企业的累计投资额按上述办法给予投资奖励。<br>**鼓励创业投资“引进来”和“走出去”**<br>支持创业投资类管理企业联合境外创业投资类管理企业或境外创业投资资金来穗设立创业投资、天使投资等基金。对引进的境外创业投资，可根据其对在穗注册科技型中小企业实际投资额中的境外资金部分，折算成人民币额度按1.5%给予奖励，每年每家不超过750万元。<br>支持在穗创业投资类管理企业与境外资本共同设立或管理境外创业投资基金。对投资境外高科技项目并成功引进且在穗新注册成立科技型中小企业的境外创业投资基金，可根据其对该科技型中小企业新增实际到账投资额中的境外资金部分，折算成人民币额度按20%给予奖励，每年每家不超过500万元。<br>**鼓励产学研合作**<br>创业投资类管理企业与在穗备案的产学研协同创新联盟、我市市级以上新型研发机构共同设立创业投资基金的，针对我市符合本联盟产业方向企业的投资和新型研发机构成果转化在我市设立企业的投资，按照其实际投资额的1.5%给予创业投资类管理企业投资奖励，每年给予每家创业投资类管理企业的奖励金额不超过750万元 |

续表

| 地区 | 政策文件 | 政策内容 |
| --- | --- | --- |
| 广州 | 《广州市人民政府办公厅关于印发广州市风险投资市场规范发展管理办法的通知》（穗府办规〔2017〕17号） | （一）根据所有受托管理的公司制股权投资企业、创业投资企业实收资本合计规模，给予管理能力奖励：实收资本合计规模达到3亿元人民币或等值外币的，奖励300万元；实收资本合计规模达到5亿元人民币或等值外币的，奖励500万元；实收资本合计规模达到15亿元人民币或等值外币的，奖励1000万元；实收资本合计规模达到30亿元人民币或等值外币及以上的，奖励1500万元。<br>（二）根据所有受托管理的合伙制股权投资企业、创业投资企业实缴出资额合计规模，给予管理能力奖励：管理资金达到5亿元人民币或等值外币的，奖励300万元；管理资金达到10亿元人民币或等值外币的，奖励500万元；管理资金达到30亿元人民币或等值外币的，奖励1000万元；管理资金达到50亿元人民币或等值外币及以上的，奖励1500万元。<br>同一股权投资管理企业、创业投资管理企业获得的管理能力奖励，累计最高不超过1500万元 |
| | 《广州市人民政府办公厅关于促进科技、金融与产业融合发展的实施意见》（穗府办〔2015〕26号） | 对在广州地区注册并投资于广州孵化期、初创期科技企业3年以上的创业投资公司、有限合伙创业投资企业和其他企业投资者，给予投资额5%、最高不超过500万元的补助 |
| | 《广州市黄埔区人民政府办公室 广州开发区管委会办公室关于印发广州市黄埔区 广州开发区促进风险投资发展办法的通知》（穗开管办〔2017〕29号） | **经营贡献奖**<br>对当年营业收入（含投资收益）达到3000万元以上且同比增长6%以上或利润总额达到1000万元以上的风险投资机构，按照其当年对本区地方经济发展贡献的80%予以奖励（含高管人才奖励）。<br>对当年营业收入（含投资收益）达到1亿元以上且同比正增长或利润总额达到3000万元以上的风险投资机构，按照其当年对本区地方经济发展贡献的90%予以奖励（含高管人才奖励）。<br>对本办法实施后新注册的风险投资机构，连续3年按照对本区地方经济发展贡献的100%予以奖励（含高管人才奖励）。 |

续表

| 地区 | 政策文件 | 政策内容 |
|---|---|---|
| 广州 | 《广州市黄埔区人民政府办公室 广州开发区管委会办公室关于印发广州市黄埔区 广州开发区促进风险投资发展办法的通知》（穗开管办〔2017〕29号） | **投资企业发展奖**<br>对投资本区种子期、初创期科技企业2年以上的，按照实际投资额的5%给予奖励，每投资1家企业最高奖励50万元，每家风险投资机构每年最高奖励500万元。<br>对投资本区种子期、初创期科技企业2年以上的，按照实际投资亏损的30%给予补偿，每亏损1家企业最高补偿100万元，每家风险投资机构每年最高补偿500万元。<br>对联合银行等金融机构为本区企业开展股权和债权融资服务且投贷总额达到1亿元以上的，按被投贷企业年度贷款余额的5%给予奖励，每家风险投资机构每年最高奖励500万元。<br>**鼓励集聚发展**<br>设立风险投资机构突出贡献奖、风险投资杰出人物奖，每家风险投资机构最高奖励300万元、每人最高奖励100万元。<br>设立“风险投资一站式服务中心”，现场提供工商注册、税务登记、政策咨询、场地租赁等一站式服务。对服务于风险投资机构依法成立的行业协会或中介机构，经认定给予每年30万元经费补贴。<br>每年举办风险投资峰会等高水平活动。支持国内外知名风险投资机构、行业协会、专业机构联合国家、省、市相关部门或机构共同举办研讨、促进交流等高水平活动，给予最高300万元资助。<br>每月举办风险投资沙龙、投融对接、研讨交流等主题活动。鼓励行业协会、专业机构及风险投资机构承办各类主题活动，给予最高50万元资助 |
|  | 《关于印发广州南沙新区（自贸片区）促进金融服务业发展扶持办法实施细则（修订版）的通知》（穗南开金融〔2018〕5号） | **经营贡献奖**<br>1. 对新设立及新迁入的股权投资基金管理企业，地方经济贡献：（1）低于100万元的，不予奖励；（2）达到100万元以上500万元以下的，自落户当年起或其获利年度起，前2年按照企业上一年度对地方经济贡献的50%给予奖励，后3年按照企业上一年度对地方经济贡献的30%给予奖励；（3）达到500万元以上的，自落户当年起或其获利年度起，前2年按照企业上一年度对地方经济贡献的100%给予奖励，后3年按照企业上一年度对地方经济贡献的60%给予奖励。 |

（续表）

| 地区 | 政策文件 | 政策内容 |
| --- | --- | --- |
| 广州 | 《关于印发广州南沙新区（自贸片区）促进金融服务业发展扶持办法实施细则（修订版）的通知》（穗南开金融〔2018〕5号） | 2. 对新设立的股权投资基金企业，地方经济贡献：（1）低于500万元的，不予奖励；（2）达到500万元以上1000万元以下的，自落户当年起或其获利年度起，前2年按照企业上一年度对地方经济贡献的50%给予奖励，后3年按照企业上一年度对地方经济贡献的30%给予奖励；（3）达到1000万元以上的，自落户当年起或其获利年度起，前2年按照企业上一年度对地方经济贡献的100%给予奖励，后3年按照企业上一年度对地方经济贡献的60%给予奖励。<br>3. 对新迁入的股权投资基金企业，地方经济贡献：（1）低于500万元的，不予奖励；（2）达到500万元以上的，自落户当年起或其获利年度起，前2年按照企业上一年度对地方经济贡献的50%给予奖励，后3年按照企业上一年度对地方经济贡献的30%给予奖励。<br>4. 股权投资基金企业投资于本区的企业或项目，按其退出时地方经济贡献的10%给予一次性奖励，单笔奖励最高不超过1000万元；若企业在申请上述奖励时算起两年内退出本区的企业或项目，不享受此条奖励。<br>**提升能级奖**<br>对认定的金融企业，在南沙区内经营期间，首次被评为世界企业500强的，一次性给予2000万元的奖励；被评为世界企业1000强、中国企业500强的，一次性给予1000万元奖励 |
|  | 《广州市海珠区促进风险投资集聚区发展的实施意见》（海科工商信〔2018〕3号） | **经营贡献奖励**<br>对获得落户奖励或者租金补贴的风险投资机构经认定给予连续5年奖励，其中前3年按照其对本区地方经济社会发展贡献的90%给予经营贡献奖励（含管理团队或骨干人员奖励），后2年按照其对本区地方经济社会发展贡献的50%给予经营贡献奖励（含管理团队或骨干人员奖励） |
| 北京 | 《关于印发〈中关村国家自主创新示范区促进科技金融深度融合创新发展支持资金管理办法〉的通知》（中科园发〔2017〕10号） | 支持投资机构在中关村示范区开展天使投资和创业投资，根据其投资于中关村示范区企业的实际投资额，按照一定比例给予风险补贴资金支持。<br>1. 对于开展天使投资的，补贴额度为实际投资额的15%，单笔补贴最高不超过50万元。单家投资机构每年补贴总额不超过150万元。<br>2. 对于开展创业投资的，补贴额度为实际投资额的10%，单笔补贴最高不超过100万元。单家投资机构每年补贴总额不超过200万元 |

续表

| 地区 | 政策文件 | 政策内容 |
| --- | --- | --- |
| 北京 | 《关于印发〈中关村国家自主创新示范区股权激励代持股专项资金管理办法（试行）〉的通知》（中科国发〔2015〕54号 | 专项资金的支持方向和适用范围包括：<br>（一）企业以协议方式将股权（包括股份，下同）有偿出售给激励对象（包括企业的科技人员和经营管理人员），激励对象购买企业股权；<br>（二）高校和科研机构以科技成果作价入股方式新设立企业，激励对象（包括高校、科研机构的科技人员和成果转化人员）在获得股权奖励的同时以现金出资方式认购新设立企业的股权；<br>（三）北京市重大科技成果转化和产业项目统筹资金以股权投资方式投资形成的股权退出时，被投资企业的科技人员、经营管理团队购买该股权。<br>专项资金的使用年限以5年为期。<br>专项资金不向借款人收取利息，借款人应按借款合同偿还借款。借款人需在借款期限的5年内，按年依次按照借款余额的3%、3%、3%、4%、4%的费率，向托管机构缴纳管理费。<br>借款人应将对应借款金额1.5倍的股权质押给托管机构。借款全部偿还完毕后，解除股权质押。托管机构应在收到借款人偿还的借款资金之日起10个工作日内，将收回的借款资金全额上缴中关村管委会 |
| | 《关于进一步支持中关村国家自主创新示范区科技型企业融资发展的若干措施》 | **引导天使创投聚焦投资科技型企业**<br>积极支持境内外知名投资机构以及社保基金、保险资金等长期资本在中关村示范区落地，探索设立创投领域硬科技专家咨询委员会，引导投资机构聚焦科技型企业开展早期投资、长期投资和价值投资。发挥北京市科技创新基金引导作用，联合投资机构、领军企业、高校院所、创新型孵化器等社会资本共同设立子基金，为科技型企业提供全生命周期股权融资服务。中关村管委会对符合投资方向要求的天使或创投机构给予年度不超过200万元的风险补贴支持 |
| 深圳 | 《深圳市人民政府印发关于促进股权投资基金业发展的若干规定的通知》(深府〔2010〕103号) | 股权投资基金投资于本市的企业或项目，可根据其对我市经济贡献，按其退出后形成地方财力的30%给予一次性奖励，但单笔奖励最高不超过300万元 |

续表

| 地区 | 政策文件 | 政策内容 |
|---|---|---|
| 重庆 | 《中共重庆市委办公厅重庆市人民政府办公厅关于重庆市发展众创空间推进大众创业万众创新的实施意见》（渝委办发〔2015〕20号） | 将小额担保贷款调整为创业担保贷款，贷款额度上限不足10万元的调整为10万元，个人贷款利率比基础利率上浮3个百分点以内的部分由财政贴息。对创新创业主体利用知识产权质押融资的，按规定给予财政贴息，或对担保与保险机构为知识产权提供相应服务的，按规定给予担保与保费补贴 |
| | 《重庆高新区促进科技金融发展办法》（重庆高新区管委会2020年第26次办公会审议通过） | 鼓励基金加大对高新区内企业投资，每投资一家，按投资额的5%一次性给予奖励，每家基金最高奖励不超过500万元。对注册在高新区内的基金，以股权投资方式投资高新区企业的，每投资一家，按投资额的5%一次性给予奖励，每家基金获得奖励达到500万元后，在奖励年度内按投资总额（扣除已获得5%奖励的投资金额）的1%给予再奖励。<br>对注册在高新区的基金，投资高新区内高新技术企业失败的，按照其损失金额大小，给予最高50%的风险补偿 |
| 杭州 | 《杭州市人民政府办公厅关于印发促进我市股权投资业发展实施办法的通知》（杭政办〔2010〕11号） | 投资追加奖励：<br>1. 股权投资企业，自成立起2年内对在杭企业直接股权投资额达到其注册资本（出资金额）30%（含）以上的，给予追加奖励：注册资本（出资金额）2亿元（含）以上，给予50万元的奖励；注册资本（出资金额）3亿元（含）以上，给予100万元的奖励；注册资本（出资金额）5亿元（含）以上，给予200万元的奖励；注册资本（出资金额）10亿元（含）以上，给予500万元的奖励。<br>2. 股权投资管理企业，自设立起2年内其受托管理外地股权投资资金对在杭企业投资达到一定额度的，给予追加奖励：投资额达到8000万元（含）以上，给予25万元的奖励；投资额达到1.2亿元（含）以上，给予50万元的奖励；投资额达到1.6亿元（含）以上，给予100万元的奖励 |
| 青岛 | 《支持打造创投风投中心若干政策措施奖励实施细则》（青金监字〔2019〕56号） | 2019年1月1日及以后，实缴资金达到200亿元及以上（扣除政府性出资），并对我市经济高质量发展和龙头产业培育具有重大促进作用的基金，我市将按照其落户和发展的实际需要，给予专项配套支持和奖励。<br>对注册在我市的基金及基金管理人，以股权投资方式投资我市实体企业，投资资金已全部到位（投资协议约定分期、分批到位的，可按年度分期、分批给予奖励）的，在奖励年度内按投资总额（扣除政府性出资）的1%给予奖励 |

附表6 国内主要城市创业投资人才引进政策梳理

| 地区 | 政策文件 | 政策内容 |
| --- | --- | --- |
| 广州 | 《广州高层次金融人才支持项目实施办法(修订)》(穗金融规〔2018〕7号) | （1）对现有的金融领军人才给予获评当年补贴50万元；对当年新引进的金融领军人才给予安家补贴100万元（分三年按40%、30%、30%比例发放）。<br>（2）对现有的金融高级管理人才给予获评当年补贴20万元；对当年新引进的金融高级管理人才给予安家补贴30万元（分三年按40%、30%、30%比例发放）。<br>（3）对现有的金融高级专业人才给予获评当年补贴10万元；对当年新引进的金融高级专业人才给予安家补贴20万元（分三年按40%、30%、30%比例发放）。<br>（4）对金融柔性引进人才按照在我市工作时间给予相应的资金补贴：与我市金融机构签订服务协议，每年在我市累计工作2个月，一次性给予资金补贴10万元；累计工作6个月，一次性给予资金补贴20万元 |
| | 《广州市黄埔区人民政府办公室 广州开发区管委会办公室关于印发广州市黄埔区 广州开发区促进风险投资发展办法的通知》(穗开管办〔2017〕29号) | 符合本办法规定的，给予每家风险投资机构不超过10名高级管理人员或骨干人员按其从该风险投资机构获得的工资薪金、股息和红利、劳务报酬、财产转让（股权转让）收入等应纳税所得额的10%奖励，最高不超过该风险投资机构对本区地方经济贡献的50%。奖励资金直接划入个人账户。<br>符合本办法规定且落户在中新广州知识城的，给予每家风险投资机构不超过10名高级管理人员或骨干人员按其从该风险投资机构获得的工资薪金、股息和红利、劳务报酬、财产转让（股权转让）收入等个人所得税对本区地方经济发展贡献的100%奖励。奖励资金直接划入个人账户。<br>符合本办法规定的给予每家风险投资机构不超过3名高级管理人员或骨干人员发放万能捷通卡，提供子女优先入学、本人及家属落户、机场贵宾服务、优先就医、免费体检等高端服务便利。<br>项目落户奖和经营贡献奖，按不低于50%的比例发放给该风险投资机构或其委托管理人的管理团队或骨干人员 |
| | 《关于印发广州南沙新区（自贸片区）促进金融服务业发展扶持办法实施细则（修订版）的通知》（穗南开金融发〔2018〕5号） | 对经审核认定的股权投资有限合伙企业的自然人有限合伙人，其“利息、股息、红利所得”等投资性收益收入或“股权转让所得”收益收入，按照其上年度所缴纳的个人地方经济贡献的80%给予奖励补贴 |

（续表）

| 地区 | 政策文件 | 政策内容 |
|---|---|---|
| 广州 | 《广州市海珠区促进风险投资集聚区发展的实施意见》（海科工商信〔2018〕3号） | 落户奖励和经营贡献奖励中不低于50%（具体比例由风险投资机构自行确定）发放给风险投资机构或其受托管理机构申报的管理团队或骨干人员，并直接划入个人账户 |
| | 《广州市地方金融监督管理局关于印发〈广州高层次金融人才支持项目实施办法(第二次修订)〉的通知》(穗金融规〔2019〕3号) | （一）对现有的金融领军人才给予补贴50万元；对当年新引进的金融领军人才给予补贴100万元。<br>（二）对现有的金融高级管理人才给予补贴20万元；对当年新引进的金融高级管理人才给予补贴30万元。<br>（三）对现有的金融高级专业人才给予补贴10万元；对当年新引进的金融高级专业人才给予补贴20万元。<br>（四）对金融柔性引进人才按照在我市工作时间给予相应的补贴：与我市金融机构签订服务协议，每年在我市累计工作2个月，一次性给予补贴10万元；累计工作6个月，一次性给予补贴20万元 |
| | 《支持南沙科学城建设粤港澳大湾区综合性国家科学中心主要承载区若干政策措施》（穗南开管办规〔2021〕1号） | 对高层次人才落户给予最高1000万元安家补贴，对境内外（含港澳）高端领军人才创新创业团队给予最高2000万元资助，为南沙区内科研院所和“四上”高新技术企业的科技人才子女提供优质教育服务，给予一定数量的广州市人才绿卡申请资格，在不改变原籍和身份的基础上享受市民待遇 |
| 北京 | 《北京市人力资源和社会保障局关于印发〈北京市引进人才管理办法（试行）〉的通知》（京人社调发〔2018〕38号） | 天使投资基金管理人、创业投资基金管理人等金融机构高管有机会直接落户，符合以下条件之一的人员可申请办理人才引进：<br>（1）基金管理人和所管理基金均在京设立并备案，实收资本1亿元以上、近3年实际投资本市高精尖产业5000万元以上的天使投资基金管理人，其任职满3年的法定代表人、总经理、合伙人、合伙人委派代表等高级管理人员；<br>（2）基金管理人和所管理基金均在京设立并备案，实收资本3亿元以上、近3年实际投资本市高精尖产业5亿元以上的创业投资基金管理人，其任职满3年的法定代表人、总经理、合伙人、合伙人委派代表等高级管理人员；<br>（3）在京设立的金融控股集团、持牌金融机构、金融基础设施平台、金融组织聘用的贡献突出的高级管理人员和核心业务骨干 |

（续表）

| 地区 | 政策文件 | 政策内容 |
| --- | --- | --- |
| 上海 | 《关于印发〈关于服务具有全球影响力的科技创新中心建设实施更加开放的国内人才引进政策的实施办法〉的通知》（沪人社力发〔2015〕41号） | 获得科技企业孵化器或创业投资机构首轮创业投资额1000万元及以上或者累计获得创业投资额2000万元及以上（须资金到位并持续投资满1年）的上海市企业中持股比例不低于10%的创业人才，在企业连续工作满2年的，可以直接申办上海市常住户口。<br>上海市创业投资机构的合伙人或副总裁及以上的高级管理人才，已经完成在上海市投资累计达到3000万元的，可以直接申办上海市常住户口 |
| 深圳 | 《深圳市人民政府关于印发支持金融人才发展实施办法的通知》（深府规〔2018〕28号） | **百千万金融人才培养工程**<br>领军人才提升计划。由金融机构、驻深金融监管机构和市区政府相关部门推荐，每年遴选100名有发展潜力的高端金融人才，向其提供高端金融人才研修项目，培养一批了解国内外金融动态和发展趋势、熟悉金融监管要求、具有改革创新意识的领军人才。对列入计划、并经市金融行业行政主管部门审议通过的100名高端金融人才，按照每年最高5万元/人的标准给予培养经费资助。<br>骨干人才培养计划。由金融机构、驻深金融监管机构和市区政府相关部门推荐，每年遴选1000名有发展后劲的骨干金融人才培养对象，为其提供专题进修资源，重点培养我市金融业发展急需紧缺的金融科技、金融交易、创业投资、金融监管等专业人才。对列入计划的1000名骨干金融人才培养对象，按照每年最高1万元/人的标准给予培养经费资助。<br>青年人才支持计划。开办鹏城金融大讲堂，每年为10000名青年金融人才提供“微课”、专题讲座、公开课等线上、线下相结合的培训资源，持续提升青年金融人才专业水平和综合素质。<br>**国际化金融人才培养**<br>培养及建设若干个与国际金融市场接轨、具有较高培训能级的金融人才国际化培训载体，设计开发适应深圳国际金融创新中心建设需求的海外培训项目。与纽约、伦敦、香港、新加坡等全球金融中心城市开展人才合作培养和交流项目，每年选派100名高端金融人才分批赴全球金融中心城市调研考察、学习培训、挂职锻炼，按照每年最高10万元/人的标准给予费用资助 |

续表

| 地区 | 政策文件 | 政策内容 |
|---|---|---|
| 深圳 | 《深圳市人民政府关于印发支持金融人才发展实施办法的通知》（深府规〔2018〕28号） | **金融人才实习和挂职交流**<br>鼓励我市金融机构设立大学生实习基地，实施大学生实习补助项目，每年吸引1000名全球知名高校的优秀在校大学生实习，对连续实习6周以上的，按照本科生2000元/人、硕士研究生3000元/人、博士研究生5000元/人的标准，给予一次性实习补贴。支持在驻深金融监管机构、金融工作部门、重点金融企业等设立金融人才挂职锻炼实践基地，实施金融人才挂职锻炼交流项目，通过挂职、借调、联合培训等加强人才交流合作，逐步建立常态化的干部交流机制。<br>**支持开展“鹏城十大杰出金融人物”评选活动**<br>支持权威财经新闻媒体、金融行业协会、人才社会组织等单位举行“鹏城十大杰出金融人物”评选活动，在深圳金融系统中弘扬爱国奉献精神。获评“鹏城十大杰出金融人物”的金融人才，获评当年可申报我市产业发展与创新人才奖 |

附表7　北京、上海、深圳、杭州、广州代表性创业投资引导基金政策梳理

| 城市 | 政策文件 | 政策要点 |
|---|---|---|
| 北京 | 《北京市财政局 北京市经济和信息化委员会关于印发〈北京市中小企业创业投资引导基金管理细则〉的通知》（京财经一〔2015〕2503号） | 设立和管理：<br>北京市中小企业发展基金联席会议（简称“联席会议”）负责引导基金使用的决策和监管；北京市中小企业服务中心代表政府作为引导基金的名义出资代表，对参股创投企业行使股东权利，承担股东义务；引导基金的日常管理机构可通过设立或公开选择的方式确定。<br>引导基金参股比例一般不超过30%，且不能成为第一大股东。对专门投资天使期、初创期企业的创业投资机构，可适当提高参股比例，但最高不超过40%。与其他政府资金共同设立参股创投企业时，政府资金合计参股比例不超过40%。<br>子基金主要申请条件：<br>（1）主要从事创业投资或创业投资管理活动，最近3年内受托管理的创业投资资金不低于2亿元人民币；拟与引导基金合作设立的参股创投企业的股东构成明确，且第一大股东实缴资本不低于5000万元人民币（或等值外币）。<br>（2）至少有3名具备5年以上创业投资或相关业务经验的专职高级管理人员。<br>（3）至少有3个对中小企业投资的成功案例，即投资所形成的股权年平均收益率不低于20%，或股权转让收入高于原始投资20%以上。<br>子基金投资要求：<br>（1）投资地域：投资京津冀地区的天使期、初创期、早中期创新型中小企业的投资额比例不得低于全部投资额的70%，且投资于北京地区不得低于全部投资额的50%。<br>（2）投资阶段：投资于天使期、初创期创业企业的投资额比例不得低于全部投资额的50%。<br>（3）投资方向：符合本市城市功能定位和相关产业政策、产业投资导向。<br>（4）对单个企业的投资不得超过参股创投企业资本总额的20%。<br>（5）不得对已在二级市场上市、挂牌等企业进行股权投资，但是所投资的企业上市或挂牌后，参股创投企业所持股份的未转让部分及其配售部分不在此限。<br>（6）不得投资于其他创业投资企业。 |

续表

| 城市 | 政策文件 | 政策要点 |
| --- | --- | --- |
| 北京 | 《北京市财政局 北京市经济和信息化委员会关于印发〈北京市中小企业创业投资引导基金管理细则〉的通知》（京财经一〔2015〕2503号） | 退出和奖励：<br>（1）引导基金出资形成的股权（或合伙人出资份额），一般情况下与社会投资机构同股同权、同进同退。引导基金可通过股权转让、减资、清算、参股创投企业收购等方式退出。<br>（2）引导基金投资收益包括账户存款利息、股东分红、股权转让回报等，可用于弥补投资损失，相关税费开支、滚动使用等。引导基金收益在存续期内滚动使用，需经联席会议批准，并作增加引导基金规模处理。<br>（3）引导基金以实际出资所占股权比例获取本金和收益，并按收益的20%分配给基金管理公司 |
| 上海 | 《上海市人民政府印发关于加快上海创业投资发展若干意见的通知》（沪府发〔2014〕43号） | 市财政连续三年每年新增安排市战略性新兴产业发展专项资金10亿元，专项用于补充上海市创业投资引导基金，积极探索建立财政、国资收益和社会资金多渠道并举的滚动投入机制。鼓励有条件的区县政府设立创业投资引导基金（简称“市引导基金”），通过市场化手段，吸引形成创业投资资本，并委托专业化管理团队进行管理。<br>试点开展创业投资奖励机制，对市引导基金参股的创业投资企业和天使投资企业，投资本市重点支持领域早期创业企业的，投资获利退出时，通过市引导基金投资收益，安排一定比例的投资奖励。对创业投资企业投资本市范围内的早期科技型创业企业，通过财政性资金，给予创业投资管理机构一定成本补助，在投资损失确认后，可按损失额的一定比例，对创业投资企业进行风险救助 |
| | 《上海市人民政府关于批转发展改革委、市财政局制订的〈上海市创业投资引导基金管理办法〉的通知》（沪府发〔2017〕81号）<br>《上海市创业投资引导基金申报指南（2019年度）》 | 设立和管理：<br>上海市创业投资引导基金工作领导小组（简称“领导小组”）为引导基金的决策机制，行使决策管理职责。领导小组下设办公室，设在市发展改革委，负责日常事务。领导小组委托专业的行业管理机构成立独立的引导基金专家评审委员会，负责对引导基金拟投资方案进行独立评审。<br>组织和运作：<br>引导基金投资运作可采用参股投资、跟进投资、融资担保或其他方式。 |

续表

| 城市 | 政策文件 | 政策要点 |
| --- | --- | --- |
| 上海 | 《上海市人民政府关于批转发展改革委、市财政局制订的〈上海市创业投资引导基金管理办法〉的通知》（沪府发〔2017〕81号）<br>《上海市创业投资引导基金申报指南（2019年度）》 | （1）参股投资。引导基金可参股或发起设立天使投资引导基金、市场化母基金、重点产业领域并购投资基金和创业投资企业，但不能成为第一大股东。引导基金参股投资的市场化母基金必须主要投向天使投资企业和创业投资企业。<br>（2）跟进投资。引导基金可跟随创业投资企业投资创业企业，但不得以“跟进投资”的名义直接从事创业投资运作业务，形成的股权委托共同投资的创业投资企业管理。申请引导基金跟进投资的企业仅限本市重点扶持和鼓励的产业领域（由领导小组办公室对外发布年度跟进投资申报指南），且工商登记和税务登记在本市的早中期创业企业。<br>（3）融资担保。引导基金按照国家对创业投资企业债权融资有关规定，在适当时候通过适当方式，为符合条件的创业投资企业和被投资企业提供融资担保支持。<br>（4）其他方式。引导基金可进行闲置资金的保值性投资（仅限于购买国债和银行存款及符合国家有关规定的金融产品），或经领导小组批准的其他业务。<br>子基金申请条件：<br>（1）管理机构：至少有3名具备5年以上创业投资或相关业务经验的专职高级管理人员；管理团队有创业投资或创业的成功经验和优良业绩；管理团队主要成员累计管理创业投资资金规模原则上不低于2亿元，且有3个以上成功投资的案例。<br>（2）规模及出资进度：新参股设立的创业投资企业管理资金规模原则上不少于2亿元，且全部出资应在3年内到位，其中首期到位资金不低于认缴出资总额的30%，且所有投资者均应以货币形式出资。<br>（3）出资比例：引导基金在所投资创业投资企业中的投资比例一般不超过25%，且对单个创业投资企业的投资金额原则上不超过1亿元，且引导基金不能成为第一大出资人；子基金管理机构对子基金的出资比例不低于1%。<br>（4）存续期限：创业投资企业的存续期最短不得短于7年，最长一般不超过10年。<br>子基金投资要求：<br>（1）投资地域：应优先投资于上海市范围内的企业，企业总体投资金额在全国省级行政区域中上海区域应占比最高。<br>（2）投资阶段：创业投资企业应主要投资于早期和早中期企业 |

续表

| 城市 | 政策文件 | 政策要点 |
|---|---|---|
| 上海 | 《上海市人民政府关于批转发展改革委、市财政局制订的〈上海市创业投资引导基金管理办法〉的通知》（沪府发〔2017〕81号）<br>《上海市创业投资引导基金申报指南（2019年度）》 | 退出和奖励：<br>引导基金可以优先股、可转换优先股等方式，对创业投资企业进行投资。投资形成的股权可按照引导基金运作有关规定，采取上市退出、股权转让、股东回购及破产清算等方式退出。<br>引导基金参股创业投资企业形成的股权，在创业投资机构履行有关协议约定承诺的前提下，由创业投资企业管理团队及其指定方受让引导基金在该创业投资企业的份额或股权，自引导基金投入后4年内转让的，转让价格可按照引导基金原始投资额与股权转让时人民银行公布同期的存款基准利率计算的收益之和确定；超过4年的，引导基金受托管理机构应当聘请具备资质的资产评估等专业机构对所持股权进行评估，作为确定引导基金退出价格的依据 |
| 深圳 | 《深圳市促进创业投资行业发展的若干措施》（深府规〔2018〕27号） | 修订完善市区两级政府投资引导基金管理制度，对具备挖掘优质项目潜力的基金管理公司以及市政府要求设立的政策性基金，探索明晰引导基金的政策定位，适当放宽纳入引导基金支持的目标和要求。形成上下联动、相互衔接的市区引导基金管理体系，在子基金投资于本辖区注册登记企业的资金占引导基金出资额的倍数方面实行更加灵活的规定。<br>发挥首期50亿元的天使投资引导基金作用，通过政策引导加大天使投资扶持力度，深化金融服务机制创新，有效弥补市场失灵，补齐企业早期融资难短板，完善企业全生命周期融资链条，最大限度帮助创新创业企业度过早期“死亡谷”。根据首期天使投资引导基金实施情况对基金管理制度进行优化完善，适时研究提高天使投资引导基金规模。<br>建立早、中期创投和重大产业项目让利机制。对市政府政策性引导基金参股或合伙的子基金，在投资本市战略性新兴产业、未来产业等项目获利退出时，在引导基金投资收益部分中给予适当投资让利；对符合深圳产业发展战略，具有重大产业支撑作用的项目，加大政策性创业创新类引导基金让利幅度，允许引导基金所享投资收益全部让渡给基金管理人和其他社会资本出资方 |

续表

| 城市 | 政策文件 | 政策要点 |
| --- | --- | --- |
| 深圳 | 《关于公开发布深圳市政府投资引导基金2018年度拟参股子基金申报指南及管理机构遴选办法的通知》 | 子基金申请机构和管理机构条件（创新创业类）：<br>（1）运营资质：境内申请机构及管理机构实缴资本不低于1000万元人民币；境外机构注册资本不低于200万美元或等值货币，出资方式仅限于货币，至少有1名具备5年以上，2名具备3年以上境外基金投资管理经验和相关专业资质的主要投资人员；子基金管理机构应认缴不低于子基金总规模1%的出资额。<br>（2）管理团队：管理机构应至少有3名具备3年以上早期项目投资经验或相关行业经验的高级管理人员，彼此之间有3年以上合作经历。<br>（3）投资能力：子基金管理机构或其主要股东（公司制）、普通合伙人（有限合伙制）或3名以上管理团队主要成员以骨干身份共同累计管理创业投资基金规模不低于2亿元人民币，所管理的创业投资基金中至少有3个以上初创期、早中期企业的成功投资案例（成功投资案例指项目股权退出80%以上且退出部分回报率不低于50%，或退出比例低于80%且回收资金超过全部投资本金120%）。<br>（4）资金募集：申请新设子基金的，子基金管理机构在提交基金申报方案时，应至少已经募集到拟设立子基金总规模50%的资金（不含市引导基金出资部分）。<br>子基金设立要求（创新创业类）：<br>（1）规模及出资：单只规模不低于5000万元人民币，申请市引导基金出资占比不超过30%；子基金中各层次、各级别的财政资金和国有成分资金出资总额占子基金认缴出资总额的比例不超过70%。市引导基金有权在其他出资人当期出资款项总额的80%实际到位后，再按照实际到位的其他资本同比例拨付至子基金账户。<br>（2）存续期限：不超过10年。<br>（3）管理费：以子基金认缴或实缴出资总额扣除已退出项目投资本金的余额为计算基数，每年最高不超过2.5%。<br>（4）收益分配及亏损承担：原则上采取“先回本后分利”方式。按单个项目进行收益分配时，对子基金管理机构获取的利润分成应设置相应的钩回机制，即应将其获取的收益分成在分配时按不低于50%比例留存在子基金；若其他出资人在基金清算时不能收回投资，子基金管理机构应将其已获取的收益分成退回其他出资人，以弥补其他出资人的投资损失。子基金清算出现亏损时，应首先由子基金管理机构或其关联方在基金中的出资承担，不足部分再由子基金各出资人按出资比例承担，市引导基金承担金额以其出资额为上限。 |

续表

| 城市 | 政策文件 | 政策要点 |
| --- | --- | --- |
| 深圳 | 《关于公开发布深圳市政府投资引导基金2018年度拟参股子基金申报指南及管理机构遴选办法的通知》 | 子基金投资限制（创新创业类）：<br>（1）投资领域：主要投资于深圳市扶持和鼓励发展的战略性新兴产业、未来产业和其他市政府重点发展的产业。<br>（2）投资阶段：投资于初创期、早中期创新型企业的资金额不低于子基金可投资金总额的60%。<br>（3）投资地域：投资于深圳市注册登记企业的资金应不低于市引导基金出资额的1.5倍。<br>（4）子基金对单个项目的投资金额不得超过子基金总规模的20% |
| 杭州 | 《浙江省人民政府关于促进创业投资持续健康发展的实施意见》（浙政发〔2017〕12号） | 做大做强省级创新强省引导基金，充分发挥新兴产业创业投资引导基金、中小企业发展基金、科技成果转化引导基金等作用，促进创业投资发展。加大对地方创业投资引导基金的支持力度。鼓励创业投资引导基金注资市场化母基金，由专业化创业投资管理机构受委托管理引导基金。综合运用参股基金、联合投资、融资担保、政府出资适当让利于社会出资等多种方式，进一步引导社会资本增加对实体经济的投入 |
|  | 《杭州市人民政府办公厅转发市发改委市财政局关于杭州市创业投资引导基金管理办法的通知》（杭政办函〔2019〕47号） | 设立和管理：<br>（1）引导基金规模为30亿元，由市财政局统筹安排。<br>（2）杭州市创业投资引导基金管理委员会（简称“基金管委会”）作为引导基金的领导机构，由市政府常务副市长任主任，市级相关部门负责人为成员，负责引导基金重大事项的决策和协调。<br>（3）基金管委会下设杭州市创业投资引导基金管理委员会办公室（简称“市创投办”），负责日常管理工作。<br>组织和运作：<br>（1）阶段参股是指引导基金向创业投资企业进行股权投资，并在约定的期限内退出，主要用于支持在杭州市发起设立新的创业投资企业。<br>（2）引导基金参股比例不超过参股创业投资企业实收资本的20%，且不能成为第一大股东；各级政府性引导基金参股比例不超过创业投资企业实收资本的40%。<br>（3）引导基金参股的创业投资企业的资金规模最低为1亿元，引导基金参股期限一般不超过7年。 |

（续表）

| 城市 | 政策文件 | 政策要点 |
|---|---|---|
| 杭州 | 《杭州市人民政府办公厅转发市发改委市财政局关于杭州市创业投资引导基金管理办法的通知》（杭政办函〔2019〕47号） | 子基金主要条件：<br>管理机构：至少有3名具备5年以上创业投资或相关业务经验的专职高级管理人员，管理团队有创业投资或创业的成功经验和优良业绩，有3个以上成功投资的案例；<br>引导基金投资要求：<br>（1）投资杭州市范围内企业的资金不低于引导基金实际出资额的2倍。<br>（2）投资初创期企业的资金不低于引导基金实际出资额的1.5倍，投资对象仅限于未上市企业（投资后上市的除外）。<br>（3）对单个创业企业的累计投资原则不得超过阶段参股基金总规模的20%。<br>（4）不得投资于其他投资企业，原则上不得控股被投资企业。<br>退出和奖励：<br>（1）引导基金一般在参股创业投资企业存续期满后，通过清算、减资、退伙、股权转让等方式退出。<br>（2）引导基金参股的创业投资企业其他股东（或出资人）自引导基金投入后4年内（含4年）购买引导基金在参股创业投资企业中的股权，且对外投资达到实收资本80%的，其转让价格不低于引导基金原始投资额；4年以上7年以内（含7年），转让价格按不低于引导基金原始投资额与按照转让时1年期同期贷款基准利率计算的收益之和确定，减资退出参照执行。<br>（3）引导基金参股的创业投资企业其他股东（或出资人）之外的投资者购买引导基金在参股创业投资企业中的股权的，以公开方式进行转让。<br>（4）受托管理机构收取引导基金管理费，根据市创投办考核结果确定管理费用比例，当年管理费按照上一年度引导基金实际投资额计算（考核结果优秀等次奖励比例为0.6%，考核结果合格等次奖励比例为0.5%） |

（续表）

| 城市 | 政策文件 | 政策要点 |
| --- | --- | --- |
| 广州 | 《广州市人民政府办公厅关于印发广州市鼓励创业投资促进创新创业发展若干政策规定的通知》（穗府办规〔2018〕18号） | （1）支持创业投资类管理企业联合境外创业投资类管理企业或境外创业投资资金来穗设立创业投资、天使投资等基金。<br>（2）支持创业投资类管理企业与运营良好的在穗备案的产学研协同创新联盟、新型研发机构共同设立创业投资基金。其中，创业投资类管理企业与在穗备案的产学研协同创新联盟共同设立创业投资基金的，参与出资的联盟成员单位应不少于该联盟成员单位总数的30%，实际出资额应不少于基金总额的30%；创业投资类管理企业与我市市级以上新型研发机构共同设立创业投资基金的，新型研发机构实际出资额应不少于基金总额的5% |
| | 《关于印发广州市创业投资引导基金实施方案的通知》（穗科信字〔2010〕93号） | 设立和管理：<br>（1）引导基金的首期资金规模为2亿元人民币，由广州科技风险投资公司作为引导基金日常管理机构。<br>（2）试点阶段引导基金主要采用阶段参股方式，由引导基金向创业投资机构参股，对创业投资机构和管理团队给予一定让利，并按约定条件在一定期限内有偿退出。<br>（3）设立的创业投资企业资金规模原则上不低于2.5亿元人民币，引导基金参股比例一般不超过20%，且不成为控股股东或实际控制人，社会募集资金比例应大于60%。<br>组织和运作：<br>政府引导基金参股或合作设立的创业投资企业可采用公司制或有限合伙等合法的组织形式。条件：<br>（1）在广州市依法设立的创业投资企业或投资管理企业。<br>（2）参股设立的创业投资企业实收资本不低于5000万元人民币，或实际管理的基金规模不低于20亿元人民币（或等值外币）；合作设立的创业投资企业实收资本应不低于5000万元人民币，或承诺筹集的境内基金规模不低于2亿元人民币.<br>（3）有至少3名具备5年以上创业投资或相关业务经验的专职高级管理人员。<br>（4）参股设立的创业投资企业至少拥有2例初创期或成长期企业投资成功退出案例。 |

（续表）

| 城市 | 政策文件 | 政策要点 |
| --- | --- | --- |
| 广州 | 《关于印发广州市创业投资引导基金实施方案的通知》（穗科信字〔2010〕93号） | 退出和奖励：<br>（1）退出：参股设立创业投资企业的其他股东购买引导基金在创业投资企业中的股权，在引导基金参股3年内，转让价格按引导基金原始投资额确定；超过3年、不足5年的，转让价格按引导基金原始投资额与转让时中国人民银行公布的同期贷款基准利率计算的收益之和确定；超过5年的，引导基金采取同股同酬的方式退出。非创业投资企业股东的投资者购买引导基金在参股创业投资企业中的股权，可按上述转让价格为基价，以公开拍卖方式进行转让。<br>（2）管理费：按照国家有关规定，国家资金与地方政府资金、社会资金共同按创业投资基金章程规定支付基金管理机构管理费用（一般按照每年1.5%～2.5%）。<br>（3）业绩分成：每只子基金将净收益的20%～30%奖励给参股创投企业投资管理团队或管理公司。<br>（4）特别奖励：对参股创投企业投资于广州地区的项目，根据具体运作情况，经管委会同意，从引导基金在参股创投企业所分配的投资收益中安排一定比例作为参股创投企业投资管理团队或管理公司的特殊奖励，以引导、鼓励参股创投企业支持广州地区的科技型中小企业发展 |

# 参考文献

[1] 李婧. 山西省创业投资发展环境及优化路径分析 [J]. 投资与合作，2023（7）：86-88.

[2] 李艳旻. 创业风险投资制度研究：以美国创业风险投资契约为中心 [D]. 上海：复旦大学，2011.

[3] 张忆琳. 我国风险投资空间布局及影响因素实证分析 [D]. 杭州：浙江大学，2018.

[4] 王亚平. 发展我国高技术产业风险投资的政策建议 [J]. 投资研究，1998（11）：16-20.

[5] 夏清泉，凌婕. 风险投资理论和政策的研究 [J]. 国际商务研究，2002（5）：43-47.

[6] 丁璐，赵寅. 风险投资退出机制的现状分析及政策创新建议 [J]. 武汉金融，2010（7）：33-36.

[7] 尹希文. 中国区域创新环境对产业结构升级的影响研究 [D]. 长春：吉林大学，2019.

[8] 张铃. 税收政策对风险投资的影响 [J]. 现代经济信息，2019（2）：229，231.

[9] 蒲惠荧，苏启林. 创业投资与产业创新集群的共生模式探讨 [J]. 科技管理研究，2014，34（13）：102-106.

[10] 张承惠. 建立中国风险投资体系的构想及有关政策建议[J]. 金融研究，2000（4）：42–49.

[11] 赵成国，陈莹. 政府创业投资引导基金运作管理模式研究[J]. 上海金融，2008（4）：35–39.

[12] 毕颖. 高新技术产业的政府政策扶持与我国政府的政策取向[J]. 河北经贸大学学报，2000（3）：23–28.

[13] 丁元欣. 国家创业风险投资和天使投资税收政策落实情况及对策建议：基于合芜蚌国家自主创新示范区调查研究[J]. 安徽科技，2018（9）：25–26.

[14] 王一军，林嵩. 支持风险投资的政策体系和制度设计研究[J]. 科学管理研究，2009，27（2）：102–105.

[15] 杜宇. 优化创业投资环境频出组合拳[J]. 中国招标，2016（42）：17.

[16] 刘伟，罗公利. 基于组织生态理论的科技企业创业环境构成要素模型研究[J]. 青岛科技大学学报（社会科学版），2015，31（1）：69–74.

[17] 夏清华，易朝辉. 不确定环境下中国创业支持政策研究[J]. 中国软科学，2009（1）：66–72，111.

[18] 陈晨. 我国科技人才创新创业环境研究[D]. 锦州：渤海大学，2013.

[19] 杜壮. 中国已成为世界第二大创业投资市场“双创”已成为推动经济增长的重要动力[J]. 中国战略新兴产业，2018:41）：32–34.

[20] 刘魁. 创新创业人才培养的环境与政策影响分析：评《中国人才创新创业环境理论与实证研究》[J]. 环境工程，2021，39（7）：206–207.

[21] 陈满，侯畅. 湖北创新创业发展现状及对策研究[J]. 科技创业月刊，2021，34（10）：4–7.

[22] 刘宇璟. 创业导向与企业绩效：制度环境和市场环境的调节作用[J]. 中国人力资源开发，2017（11）：54–64.

[23] 张浩文. 金融支持西部地区创业投资发展对策研究 [J]. 甘肃金融，2020（1）：32-35.
[24] 赵玲. 杭州市科技金融政府促进机制优化研究 [J]. 当代经济. 2020（5）：44-49.
[25] 彭大衡，许涤龙，等. 科技金融发展趋势与对策：广东科技金融发展报告（2016）[M]. 北京：中国金融出版社，2016.